호주 선교사
에이미 스키너와 통영

한호선교 130주년 기념도서
호주 선교사 에이미 스키너와 통영

2019년 4월 22일 초판 1쇄 인쇄
2019년 4월 29일 초판 1쇄 발행

저　　자 | 에이미 스키너
편저자 | 서상록 · 양명득
발행인 | 서상록
발행처 | (사)통영호주선교사기념사업회
펴낸곳 | 도서출판 동연
주　　소 | 서울시 마포구 월드컵로 163-3
전　　화 | (02)335-2630
전　　송 | (02)335-2640
이메일 | yh4321@gmail.com
블로그 | https://blog.naver.com/dong-yeon-press

The 130th Anniversary of Australian Mission in Korea
An Australian Missionary Amy Skinner

Original Author: Amy G Skinner
Korean Authors: Sangrok Suh & Myong Duk Yang
Publication: Sangrok Suh
Publisher: Tongyoung Australian Missionary Memorial Association

ISBN 978-89-6447-501-0 03230

한호선교 130주년 기념도서

호주 선교사
에이미 스키너와 통영

에이미 스키너 지음 | 서상록 · 양명득 편저

동연

호주 빅토리아장로교회의 한국 사랑은 위대하다. 그들의 첫 선교사 데이비스가 한국에 온 지 6개월 만에 풍토병으로 소천하였음에도, 오히려 호주교회는 선교사들을 계속 파송하여 의료, 교육, 복지, 교회 등 다양한 선교활동을 이어간다.

그런데 이러한 선교활동은 당시 호주교회가 재정적으로 풍족한 가운데 이루어진 것이 아니었다. 미국이나 캐나다 등의 선교부에 비하면 작은 규모였다. 호주 선교사 스스로도 자신들은 베냐민족속과 같다고 하였으니 말이다.

그런 가운데 부산, 진주, 마산에 이어 통영에 선교부를 설치한 것이다. 당시 작은 항구 통영에 유독 미신이 많은 것을 보고 호주 선교사들은 안타까운 마음으로 많은 인적, 물적 자원을 지원하였다. 호주 빅토리아교회들이 아끼고 아끼며 열심히 모금한 재정으로 말이다.

통영 근대사는 호주 선교부를 빼고는 완전할 수 없는 역사가 되는데, 많은 사람들이 이 사실을 잘 알지 못한다. 본 도서를 통하여 통영 근대사에 있어서 호주 선교사들의 공헌이 널리 알려지기를 바라며, 저자인 서상록 선교사와 양명득 선교사의 수고에 감사하며 축하를 드린다.

통영호주선교사기념사업회가 통영의 호주선교부 유적 중에 일부나마 복원하기 위하여 노력한다니 반갑고 고마운 일이다. 이 일에 통영의 많은 시민단체들과 교회들이 협력하고 후원하기를 희망하며, 꼭 결실을 맺기를 바란다.

호주 선교사들을 통하여 보여주신 통영을 향한 하나님의 사랑하심이 더 위대하다.

인명진
(재단법인 한호기독교선교회 이사장)

젊은 여성의 몸으로 스키너 선교사가 이 땅에 오셨을 때, 우리나라는 아직 가난하고 작은 변방의 한 나라였고, 나라를 잃은 고통 속에 있었습니다. 이런 곳에 오셔서 1940년 고국 호주로 떠나기까지 수십 년간 온갖 고난 속에서도 봉사와 선교, 의료와 교육에 헌신했습니다.

1929년 진명학교의 교장이 된 스키너는 가난하고 배우지 못한 통영의 여성들에게 복음과 의료를 가르친 교사이기도 했습니다. 또한 어려운 장애인들에게 미싱과 자수 등을 직접 가르쳐 생계를 이어갈 수 있는 직업훈련까지 펼치며 그들의 자립을 도왔습니다.

먼 동양의 땅에서 선교를 펼치는 어려운 삶 속에서도 스키너는 늘 감사해했습니다. 하나님의 무한한 사랑을 깨닫게 해주신 것에 감사해했고 "주님이 허락하신 방법으로 힘을 보태게 된 것에 감사"했습니다.

참으로 스키너의 선교는 소외되고 병든 이들의 친구이자 어머니셨고, 우리 곁에 와서 살다 가신 작은 예수였습니다. 그분의 업적과 정신을 우리가 오랫동안 제대로 기리지 못했다는 사실에 부끄러움이 앞섭니다.

그분이 오신 지 한 세기가 지난 오늘 그리고 한·호 선교 130주년을 맞아 이렇게 기념도서가 발간되니 더욱 기쁜 마음입니다. 이를 위해 그동안 애쓰신 서상록 통영호주선교사기념사업회 회장님을 비롯한 모든 분들께 깊은 감사의 말씀을 드립니다.

우리는 환경과 풍습, 말과 음식이 다른 먼 이국땅에서 자신의 일생을 바쳐 진정한 사랑과 봉사를 실천하신 스키너 선교사를 영원히 잊지 않을 것입니다. 그리고 이 시대를 살아가는 우리 모두는 100년 전 스키너가 보여 준 사랑과 헌신에 다시 한 번 깊이 고개 숙입니다.

강석주

(경상남도 통영시 시장)

　이번에 양명득 박사와 서상록 선교사가 공동 집필한『호주 선교사 에이미 스키너와 통영』이 출판된 것을 축하드리며 진심으로 환영합니다.

　호주장로교는 1889년 10월 내한했던 해리 데이비스의 죽음을 계기로 한국선교를 시작하였고, 해방 이전까지 78명의 선교사를 파송한 바 있습니다. 호주장로교 한국선교부는 부산(1891), 진주(1905), 마산(1909)에 이어 1913년에는 통영과 거창선교부를 개설했는데, 통영지부는 통영 지방을 비롯하여 인접 지역과 거제, 고성 등지를 관할했습니다. 이곳에 파송된 첫 선교사가 왕대선(Rev R. D. Watson) 선교사 부부와 모이리사백(Miss E. S. Moore)이었습니다. 곧 위대인 의사(Dr W. Taylor)와 그의 부인이 통영지부로 배속됩니다.

　이렇게 통영지부가 세워지고 발전해가는 과정에서 중요한 역할을 했던 인물이 신애미(Miss A. M. Skinner) 선교사인데, 1914년 내한하여 거창지부에서 일정 기간 일하고 통영으로 옮겨와 한국을 떠나기까지 20여 년간 봉사했습니다. 호주 빅토리아주 북동쪽에 위치한 비치워스(Beechworth)의 의사 가문에서 출생한 그는 멜버른 대학교 재학 중에 학생자원운동(SVM)의 영향을 받고 선교사로 자원하였고, 교회여성훈련원에서 선교사 교육을 받은 후 내한하였습니다.

그는 거창, 마산 그리고 통영에서 일했는데 그의 주된 사역은 학교교육, 특히 여성교육이었습니다. 교육학을 공부한 그는 선교지에서의 여성교육의 필요성을 절감하였고, 교육입국(敎育立國)에 대한 확고한 신념의 인물이었습니다. 그에게 있어서 교육이 궁극적인 목표는 아니었습니다. 교육은 복음 전파를 위한 통로이자 도구였습니다. 기독교 복음이 진공상태에서 전파되거나 수용될 수 없었고, 기독교 복음의 전파를 위해서는 문자에 대한 이해에서부터 문화에 대한 기본적인 이해가 필요했습니다. 그래서 그는 학교교육을 중시했던 것입니다. 자식들에게 문자를 가르치되 단순히 문자 교육이 되어서는 안 되고 자기 스스로 성경을 읽게 하기 위해 문자를 가르쳐야 한다고 주장했던 존 코튼(John Cotton)과 비교될 수 있습니다.

신애미 선교사는 한국인 여성 교육이야말로 이 나라의 장래가 결정되는 잠재적 자산으로 이해했습니다. 그래서 그는 교육 활동을 중시하고 그가 일한 선교지부에서 학교교육의 책임자로 봉사하게 된 것입니다. 그래서 그는 어딜 가나 한국인들에 의해 '신 교장'으로 불렸습니다.

이번에 위의 두 분의 수고로 통영지부와 신애미 선교사에 대한 귀한 책이 편집되고 출판된 것을 충심으로 환영하며, 이국인이 통영지방에서 일한 지난 세월의 자취를 드러내고, 오늘 우리에게 주신 정신적 유산을 성찰하게 된 것을 기쁘게 생각합니다. 이 책을 통해 호주선교부와 선교사들의 수고와 헌신을 기억하고 기념하는 기회가 되기를 바랍니다.

이상규
(고신대학교 명예교수, 백석대학교 석좌교수)

격 려 의 글

19세기 말은 약육강식하는 밀림의 논리가 전 세계를 팽배하던 격동기로, 그때의 한반도는 세계 열강의 각축장이었다. 한반도의 지배권을 두고 벌어진 청일전쟁의 소용돌이 속에 동학혁명이 겹쳐 일어나 더욱 몸살을 앓고 사직(社稷)은 누란(累卵)의 위기를 맞고 있었다.

약 300년간의 통제영이 해체(1895)되었고, 고성군에서 독립하여 새로운 군을 설치해야 한다는 지역민의 열망이 고조되었던 시기와 맞물린다.

이 시기에 통영에는 동시에 두 개의 외래 문화가 들어 왔는데, 그 하나는 일본제국을 등에 업은 일제 침략 문화였고, 또 하나는 그리스도 정신을 바탕으로 하는 서구 문화였다. 그러나 이 두 문화가 통영에 남긴 결과는 너무나 확연히 달랐다.

내가 어렸을 때 겪었던 이 두 문화는 각각 다른 색깔로 뇌리에 각인(刻印)되어 남아 있다. 전자는 어둡고 무시무시한 색깔로, 그리고 후자는 온유한 느낌의 밝은 장밋빛이다. 그도 그럴 것이 일제는 이 땅에서 두 번의 전쟁 끝에 이 나라를 강점하여 식민지로 수탈하였고, 종국에는 민족분단의 빌미마저 남겨 우리는 지금도 그 고통에 벗어나지 못하고 있다. 그들은 빼앗기 위하여 우리 땅에 왔었다.

그러나 선교사로 대표되는 서구 문화는 삶의 최고 가치를 봉사에 두고 현대식 의료병원을 개설하였고, 불우청소년들의 직업 안정을 도왔으며, 백년대계로 각급의 학교를 세워 인지계몽에 나섰다. 그들은 선교사업 이외에도 꼭 필요한 것을 씨 뿌리기 위하여 이 땅에 왔다.

선교사의 집은 여황산의 남향 산록에 있었다. 우리들에게 그 서양 집은 늘 이국적이고 신비로운 동화 속 요정이 살고 있는 집이었다. 그리고 나의 집은 통제영 서문의 성하 거리, 명정리에서 십자 골목길을 사이에 두고 윤보선 대통령 영부인 공덕귀, 소설가 박경리, 시조시인 장응두, 독립운동가 박봉삼, 피리 악공 주봉진 어른과 그리고 정갑섭 친구도 한 집 건너 서로 이웃하고 살았다.

그때 공덕귀 여사의 모친이 독실한 크리스천이라 서양 집과 왕래가 잦았고, 공덕귀 여사는 당시 진명유치원 선생님이기도 했다. 또 나의 집은 삼촌을 비롯하여 위로 형님 세 분과 누님 세 분이 진명유치원에 졸업 또는 재학 중이었기 때문에 종교는 달라도 선교사들과 늘 가까이 지냈다.

제사음식을 모반에 담아 올려 보내면 답례로 화채 유리그릇에 양딸기 잼을 가득 담아 보내주던 일, 그리고 린들이라는 선교사의 딸이 김치 맛에 중독되어 걸핏하면 동네 조선 친구 집에 살며시 먹으러 가기 때문에 이를 못하게 선교사가 매를 들었다는 이야기와 누님들이 유치원 크리스마스 선물로 받아온 캔디의 맛을 잊을 수 없다. 그 가운데서도 선교사들이 1941년에 통영을 떠나면서 주고 간 물품들이 있는데, 특히 신애미 선교사가 누님에게 준 철제 침대는 나의 잠자리이자 뜀뛰기 놀이기구였고, 독서용 등나무 흔들의자는 타고 구르는 망아지가 되었다. 이러한 어릴 적 기억들이 후일 성장하면서 동화의 세계를 넘어서 통영 향토사의 여기저기에 엄격한 역사 현실로 새롭게 확장되어 나에게 큰 의미로 다가왔다.

개화기 통영의 문예 발전은 참으로 찬란했다. 발전을 이끌었던 통영 청년들의 각 분야 활동영역과 작품 속, 특히 항일운동에는 항상 호주 선교사들의 잔영(殘影)이 말없이 도사리고 있다. 그들의 존재만으로도 나라 잃은 통영 청소년들에게는 이심전심의 격려였고, 마음의 의지였다.

그들은 1941년 강제 출국으로 우리 곁을 떠났다. 당시 그들이 우리에게 남기려던 메시지는 과연 무엇이었을까? 어언 80년이 지난 지금, 오랫동안 보존되어온 그들의 메시지가 호주에서 잠을 깨어 다시 우리 앞으로 다가온다. 기적 같은 일이다. 이 일을 가능하게 해주신 서상록 회장과 양명득 박사의 노고에 깊이 감사드리고 경의를 표한다.

박형균

(사단법인 통영사연구회 회장)

　기억에도 없는 필자의 어린 시절 아버지는 나를 데리고 밖으로 다니기가 부담스럽다고 어머니께 자주 말씀하셨다는 것을 사춘기가 될 무렵에 들었다. 집을 나서는 순간부터 눈에 보이는 사물들에 대한 호기심과 이에 대한 질문이 끝도 없이 이어졌기 때문이라 한다. 그래서인지 지금도 필자는 지리적, 지적 호기심이 유난히 많은 듯하다.

　통영은 지금도 인구 13만 명에 불과한 작은 도시인데, 한국을 대표하는 거목과 같은 숱한 예술가들을 배출한 특이한 이력을 지니고 있다. 이곳을 찾는 많은 사람들은 하나 같이 이 점에 대해 궁금해하며 시민들에게 묻곤 하는데, 대부분의 시민들은 '자연풍광이 아름다워서'라고 얼버무리는 듯이 대답하는 모습을 많이 보아 왔다. 필자의 귀엔 궁색하기 짝이 없는 무성의한 대답 같이 들렸다. "아니, 아름다운 곳이 여기뿐이겠는가?" 이때부터 통영에 대한 관심과 호기심이 가동되기 시작했다. 그 관심을 따라가다 보니 근대 호주 선교사들의 역할로 연결이 되어 있다는 것을 알았다.

　마침내 1990년 8월 외부 문명이 유입되는 통로인 바다와 섬들을 답사하기로 하고 아내와 함께 섬들을 찾아 나섰다. 채록 장비들을 챙겨 한산도를 시작으로 섬과 섬을 이어가며 방문했는데 욕지도를 끝으로 짧지만 일주일간의 답사여행을 의미 있게 마쳤다. 그로부터 지금까지 29년이 흐르는 동안 이에 대한 작업은 이어져 오고 있다. 통영 근대화의 산실 역할을 했던 호주 선교사들은 항일민족운동과 최초의 근대식 교육 그리고 다양한 사회사업으로 많은 업적과 영향력을 이 지역에 남겼다.

이러한 그들의 숭고한 발자취를 답사하는 것이 계기가 되어 결국은 필자도 선교사가 되어 100여 년 전 열악한 조선을 찾아온 호주 선교사들처럼 그렇게 세계의 오지인 히말라야에 들어가 활동을 하고 있다. 특히 안식년을 이용해 통영지역의 기독교 전래와 호주 선교사들의 역할에 대한 신학 논문을 준비하면서 호주 선교사의 집이 있던 문화동 269-1번지 일대와 그들이 걸었던 간창골 골목길을 수도 없이 걸으며 얼마나 많은 감동의 눈물을 흘렸는지 모른다.

이제 필자에게 남은 중요한 또 하나의 과제가 있다면 통영인의 기억 속에 향수처럼 남아 있는 호주 선교사의 집을 복원하는 일이다. 이를 위해 2016년 10월 1일 사단법인 통영호주선교사기념사업회를 설립하여 주춧돌만 남아 있는 옛 집터와 부지를 구입하였고, 시민들과 함께 공감대를 형성해가며 나머지 일들을 진행 중에 있다. 이 일을 위하여 함께 수고하는 기념사업회의 여러 후원자와 회원들께 깊은 감사를 드린다.

　끝으로, 호주 선교사가 세웠던 진명유치원에 다니던 소년 김춘수의 눈에 비춰졌던 호주 선교사에 대해 쓴 그의 시로 글을 맺고자한다.

　　호주 아이가

　　한국의 참외를 먹고 있다.

　　호주 선교사 네 집에는

　　호주에서 가지고 온 뜰이 있고

　　뜰 위에는

　　그네들만의 여름하늘이 따로 또 있는데

　　길을 걸어오면서

　　행주치마를 두른 천사를 본다.

　　〈김춘수 幼年詩 1〉

　　　　　　　　2019년 3월, 히말라야 은둔의 왕국 부탄에서

　　　　　　　　　　　　　　　　서상록

　　　　　　　　　　　　　　(통영호주선교사기념사업회 회장)

2010년 8월 19일 호주연합교회 총회 세계선교부 주관으로 시드니 파라마타의 한 교회에서 파송예배가 있었다. 필자를 한국으로 파송하는 자리였다. 그리고 그해 9월 1일 대한예수교장로회 통합 총회 사무실에 부임하였다. 필자를 파송하는 공식 문서에는 선교 동역자의 역할을 다음과 같이 명시하고 있었다. "한국과 호주교회 선교 동역 관계 증진, 다문화와 디아스포라 목회 협력, 세계교회협의회 부산총회 지원, 총회 영문 작업 지원 등"이었다.

그 후 총회와 세계교회협의회 부산총회 준비위원회에서 필자는 3년을 사역하였다. 그러나 선교 동역자의 생활은 녹록지 않았다. 호주교회에 속한 한국인 목사로 이곳에서는 내부인도 아니었고, 그렇다고 백인이 아니니 완전 외부인도 아닌 경계선에 걸쳐진 느낌이었다. 물론 이것은 장점이기도 하였지만, 한편으론 어디에도 속하지 못하는 어려움이기도 하였다.

그러던 중 힘들 때마다 필자에게 이상한 버릇이 하나 생겼다. 혼잣말로 중얼거리는 염려스러운 모습이었다.

"스키너 선교사님, 당신이라면 이런 상황에 어떻게 하시겠습니까?", "그 당시 그 어촌 항구에서 선교사님은 어떻게 견디었습니까?", "선교사님이 살아 계셔 한 번 만날 수 있다면 참 좋을 텐데요."

한국에 다녀간 약 130명이나 되는 호주 선교사 중에 하필 왜 스키너 선교사에게 혼잣말을 하였는지는 지금도 잘 모른다. 다만 그녀가 나의 고민을 잘 받아줄 것이라는 기대가 있었던 모양이다. 그리고 이번에 스키너에 관한 연구를 좀 더 깊게 하면서 나의 생각이 틀리지 않았다는 확신이 더 들었다.

통영호주선교사기념사업회 서상록 회장은 호주 선교사들에 관하여 공부한 후에 본인도 선교사가 되었다고 할 만큼 호주 선교사에 대한 애정과 이해가 깊은 분이다. 한호선교 130주년을 맞아 본 도서를 함께 출판하게 되어 영광으로 생각한다.

전 세계에 흩어져 사역하고 있는 선교사들에게 본 도서가 조금이나마 영감이 되고 도전을 준다면 책을 만드는 이 고생스러움을 필자는 잊어버릴 수 있겠다.

2019년 3월 18일, 서울에서

양명득

(호주 선교 동역자)

차 례

1915년 진주에서 모인 호주선교사공의회 사진으로, 맨 아랫줄 오른쪽 두 번째에 에이미 스키너 선교사가 있다.

에이미 스키너의 선교와 일생

글: 양명득

멜버른

1914년 7월 13일, 호주 빅토리아 장로교 여선교연합회의 한 모임에 심각한 기도의 시간이 있었다. 곧 한국으로 떠나는 에이미 스키너 선교사를 위해서였다. 그녀는 엘리자베스 에버리와 곧 떠나게 되었는데 첫 사역지는 경상남도 거창이었다.

스키너는 호주 빅토리아주 비치워쓰의 저명한 의사 가정에서 1889년 태어났다. 우연히도 그 해는 첫 호주 선교사 데이비스가 한국 땅에 입국한 해였다. 그녀는 고향에서 학교를 마친 후 멜버른대학 인문학과에 입학하게 되는데, 이곳에 오기 전까지 기독교 선교에 대해 아는 것이 별로 없었다고 한다. 대학교에서 선교사 가족을 둔 한 여학생을 친구로 만났고, 그 친구는 학생 봉사동아리 회원이었다. 그리고 그 동아리의 활동은 스키너에게 많은 영향을 끼쳤고, 그녀가 영적으로 성장하는 데 결정적인 역할을 하게 된다. 또한 대학교 선교 담당 루스 라우즈와의 대화와 블랙 히쓰에서 있었던 학생대회에서 해외 선교에 대한 이해를 깊이 하게 되었다.

그 후 스키너는 비치워쓰의 집으로 돌아가 선교연구동아리를 시작하였고, 본인 자신의 마음에 선교사로서의 꿈을 가지게 되었다. 당시 그녀가 한 친구에게 한 말은 스키너의 선교 소명이 얼마나 깊었는지 알 수 있다.

> "만약 내가 선교사로 나갈 수만 있다면, 내일이라도 떠날 수 있
> 다"(미셔너리 크로니클, 1914년 8월 1일, 2).

그 후 놀랍게도 3주 안에 선교사로 해외로 나가는 데 있을 수 있는 걸림돌이 치워졌고, 그녀는 학생자원서약서에 서명을 하였다. 이 서약서는 사실 그녀가 18개월 동안 품에 가지고 있던 것이다.

스키너는 대학 졸업 후 교육학을 공부하며 준비하였고, 브라운스 리버에서 있었던 학생대회에서 페이톤 목사와의 대화 속에 이제 행동에 옮길 때임이 확실하여졌다. 그녀는 교회여성훈련원에서 선교사 훈련을 받기 시작하였고, 선교의 '기회와 긴급성'을 온몸으로 느끼고 있었다.

스키너는 자신이 한국에 가는 것을 '희생'이라 생각하지 않았다. 오히려 십자가 아래에서 희생이라는 말은 할 수 없다고 생각하였다. 하나님은 그녀에서 희생을 요구하지 않았고, 가는 길이 오히려 기쁨이라고 생각하였다. 그리고 마지막 길까지 기쁨과 더 깊은 기쁨만 있을 것이라고 확신하였다(크로니클, 1914, 8월 1일, 2).

스키너는 에버리 선교사와 1914년 9월 5일 일본 나가사키에 도착한다. 그곳 항구 매표소의 직원은 이 호주 여인들에게 어떤 이유로 한국에 가느냐고 물어보면서, 배표를 끊어주기를 주저하였다.

기독교 선교사로 간다고 대답하였지만 그 직원은 그 증거를 보여 달라고 하였다. 물론 보여 줄 증거는 없었다. 우여곡절을 겪은 끝에 부산으로 향하는 배에 승선할 수 있었다.

당시 스키너 나이 25살, 1914년 9월 9일 그녀가 부산에 도착하였을 때 오랜 항해로 몸이 지치고 아파 있어 부산 항구의 전경을 즐길 수 없었다고 한다. 그곳에 이미 와 있던 알렉산더 선교사가 이들을 맞아 주었다.

그들은 세관을 통과하고 가지고 온 짐들도 무사히 찾아 그곳에서 부산진까지 가는 기차를 탔다. 당시 부산은 9월의 아름다움을 보여주고 있었고, 부산에는 그들을 따뜻하게 환영하기 위하여 기다리는 한 무리의 호주 선교사들이 있었다. 또한 한국인 기독교인들도 그들을 친절하게 맞아 주었다. 스키너는 호주선교부 뒤에 있는 언덕에 올라 부산항의 아름다운 전경과 푸른 산들, 그리고 마을의 한국 집들을 둘러보았다.

호주 북부의 타운스빌 항구를 떠날 때 그녀는 멜버른으로 안부를 알리는 전보를 보냈는데, 호주의 친구들을 안심시키기 위한 마음이었다.

거창

스키너의 첫 선교 사역지는 거창이었다. 그녀는 1914년 12월 3일 그간의 일을 멜버른의 후원회에 보고한다. 부산에서 거창까지의 길은 계곡을 지나 강둑을 따라 걷는 길이었는데, 본인이 본 길 중에서 가장 아름다운 길이었다고 적고 있다. 그녀는 그곳에서의 첫 달을 지내면서 한국어를 배우며 가까운 곳을 방문하며 바쁘게 지냈고, 집에서는 난로의 불이 종종 꺼져 애를 먹었다고 적고 있다. 첫 번째 학교는 어느 한국인의 집에서 시작하였는데, 그곳은 전에 매크레 선교사가 거창에 있을 때 머물던 곳이었다고 한다(크로니클, 1915년 2월 1일, 6).

스키너는 거창에서 흥미롭게 드렸던 첫 추수감사절 예배를 소개하고 있다. 예배 도중에 교인들이 계속하여 호박, 상추, 쌀가마, 고추, 떡 등을 가지고 와 교회당 앞에 쌓아 놓으므로 참석한 교인들은 즐겁게 웃었고, 설교가 계속 중단될 정도였다고 한다. 그 감사 헌물들은 모두 하나님께 드려졌는데 다음의 말씀이 기억났다.

우리의 여러 예물을 당신께 드리오며, 그리고 당신은 하나도 거절치 아니하옵니다(크로니클, 1915년 2월 1일, 7).

당시 스키너는 그곳에서 어린이와 젊은 여성들에게 노래를 가르쳤는데, 토요일 오후에 모이는 반에는 어린이들이 교실 바닥에 앉아 소리 높여 몸을 앞뒤로 흔들며 노래를 불렀다. 물론 음정은 엉망이었지만 아이들의 가슴은 뜨거웠고 즐기는 모습이었다.

거창 교인들의 얼굴은 늘 즐거운 모습이어서 보기에 좋았지만, 동시에 주일날 어린아이가 큰 아기를 업고 힘에 겨워하는 모습, 교회에 와 여기저기 구경만 하는 여인의 모습, 무슨 뜻인지 혼자 말을 하는 사람의 모습 등도 교회 생활의 한 부분이었다.

거창의 교회는 성장하고 있었지만 또한 박해도 받았다. 서울에서 서적 행상인을 보내어 기독교 서적을 판매하는데 교회의 남성들이 책 판매를 도왔던 것 같다. 그러나 그 지역 당국은 그 매서인을 여행법 위반이라는 명목으로 체포하였고, 벌금도 부과되었다. 거창선교부는 그 벌금을 대납해 주었고, 신약성경을 산 사람들은 책을 반환하라는 명령도 있었으니 당시의 상황을 미루어 짐작할 수 있다.

1915년 4월 9일 스키너의 편지에는 진주의 스콜스 선교사와 켈리 선교사가 거창을 방문하여 여자성경학교에서 강의를 한 내용을 적고 있다. 전보다 성경공부는 더 잘 진행되었다고 평가되었고, 스콜스 선교사가 아코디언을 연주하며 찬송가를 함께 불렀다고 한다. 남성 신자들은 세계대전에 관하여 관심을 가지며 여러 질문을 하였는데, 기독교 국가들이 왜 서로 전쟁을 하냐는 것이었다. 스키너는 그 질문에 만족할만한 대답을 하기는 어려웠지만, 멜버른 스코트교회의 기도모임을 소개하면서 전쟁은 우리가 기도하도록 부르고 있다고 대답하였다.

"좋습니다. 우리도 지금 기도하지요."

그 남성은 즉시 대답하였다.

또한 선교부가 운영하는 학교의 한 소녀가 결혼을 하는데 나이가 겨우 15살이었고, 남편도 더 많지는 않았다. 당시 한국의 관습에는 그 나이에 결혼을 할 수 있었지만 스키너 선교사는 조혼에 관하여 안타까운 마음을 가지고 있었던 것 같다. 교육을 충분히 받지 못하고 결혼하여 가족을 부양해야 하는 당시의 상황에 스키너는 장차 어떤 일을 해야 하는지 고민하게 되는 동기가 된 듯하다.

스키너는 또한 거창 인근의 교회 처소들을 성경부인과 방문하며 쪽복음을 팔기도 하고, 통역을 통하여 설교를 하기도 하였다. 이 여정은 한겨울에도 진행되었는데 1915년 12월 한겨울 산골 속의 교회 처소 3곳을 방문하기도 한다.

마산

부산진의 호주선교부 회의에서 스키너 선교사를 마산의 의신여학교 교장으로 가도록 결정하였다. 아마도 스키너의 교육학 배경이 그 동기였던 것 같고, 그녀는 앞으로 '교육 전문 선교사'로 활동하게 된다. 그곳의 교장이었던 맥피 선교사는 자유롭게 되어 순회전도에 더 집중하게 되었다. 1916년 스키너는 마산포에 도착하였다. 마산포의 여학교에는 당시 두 개의 반과 5명의 교사 그리고 75명의 학생이 있었다. 처음 두 달은 맥피가 함께하며 사역을 이양 받았는데, 거창에서 운영하던 학교와는 또 달랐다. 아이들은 거창보다 가르치기 더 어려웠고, 또 교사들 중에는 일본인 교사도 있었다.

당시 마산포교회에는 여전도회를 조직하여 중국의 성경부인을 도우려는 모임이 있었고, 또한 새 교회당을 건축하려는 움직임도 있었다. 학교에서는 학부모 회의가 있어서 학교운영에 관한 이야기를 나누기도 하였다.

당시 마산에서 스키너는 네피어 선교사와 일을 함께 하고 있었는데, 그녀가 서울의 세브란스병원에 차출되어가는 바람에 부산의 호킹 선교사가 와서 한동안 일을 함께 할 수 있었다. 또한 연례 여성

교육반에는 클러크 선교사가 와 강의를 하기도 하였다. 호주에서 온 선교사들은 그때그때의 상황에 따라 자신의 영역만 고집한 것이 아니라 서로 협력하는 모습을 볼 수 있는 대목이다.

마산선교부에 속하여 있었던 한국인 성경부인들 한 명 한 명은 선교사들의 감독 하에 있었고, 매크레 부인이 한 명을 감독하였고, 호킹 선교사는 성주 부인과 짝을 이루어 특별한 관계를 맺기도 하였다.

1917년 초 당시 의신여학교에는 총 221명이 등록을 하였는데, 그 중 64명만이 마산에서 온 여성들이었고, 많은 다른 여성들이 먼 지역에서 와 교육을 받았다. 마산 지역 48개의 교회 중에 32개의 교회도 지방에 있던 교회들이었다. 스키너 선교사는 장년 여성반 성경공부를 인도하기도 하였다.

1918년 칠원 지역의 성경공부반에서 맥크레 선교사는 남성들을, 그리고 스키너 선교사와 성경부인들은 여성 반을 지도하였다. 여성 반에는 90명의 소녀와 부인들이 등록을 하였고, 그중 72명이 수료증을 받았다. 어떤 이들은 단순히 외국에서 온 선교사를 구경하러 오기도 하였다.

스키너는 그 다음해 진주를 방문하는 동안 유행성 이하선염에 걸렸다. 이로 인하여 그녀는 선교부 회의에도 참석하지 못하고 치료차 호주를 가게 된다. 9월 5일 호주 멜버른의 총회 본부 강당에 많은 교인들이 모여 스키너 선교사를 환영하였다. 동시에 이 모임은 맥피와 테잇 선교사를 한국으로 환송하는 자리였다. 이 모임에서 프랭크 페이톤 목사가 사회를 보았고, 여선교연합회의 하퍼 여사가 환영과 환송사를 하였다.

스키너 선교사는 당시 호주에 있는 동안 많은 교회를 다니며 선교보고와 강연을 하게 된다. 당시 그녀의 일지에는 42곳을 방문할 리스트가 있었다. 골번 벨리, 씨무어, 비치워쓰 등 여러 노회의 교회들을 방문하며 한국을 소개하며 강연을 하게 되는데 1920년 5월 말까지 계속되었다. 강연하는 곳마다 선교를 지원하는 새 회원들이 생겨났고, 그만큼 여선교연합회의 재정도 보충될 수 있던 것이다.

한 가지 흥미로운 사실은 1917년 당시 여선교사의 봉급은 8파운드 6실링 8펜스이었는데, 1920년에는 15파운드 11실링 6펜스이었다. 봉급의 인상 이유를 크로니클은 '한국에서의 물가 인상과 환율 차이의 변화'로 적고 있다. 영국의 파운드화를 한국에서 일본 화폐 엔으로 환전하여 사용하였는데, 1파운드에 10엔이었던 것이 1920년에는 7엔밖에 되지 않았기 때문이다. 그러므로 여선교연합회는 선교 지원을 계속하기 위하여 더 많은 모금을 하여야 했다(크로니클, 1920년 6월 1일, 13).

스키너는 9월 14일 '이스턴'호를 타고 다시 일본을 거쳐 다시 한국으로 돌아 왔다.

통영

호주에서의 치료와 휴가를 마치고 돌아온 스키너는 통영 선교부로 배속되었고, 1920년 11월 19일 통영 선교부에서의 첫 보고서를 호주 멜버른으로 보내고 있다.

서양 선교사가 아직 발을 밟지 않은 어느 마을에 한 매서인이 들어가 전도를 하였고, 그곳에서 남성 20명 정도가 믿기 시작하였다. 그리고 그들은 성경을 가르쳐 줄 교사를 요청하였다. 얼마 안 있어 스키너는 석태 어머니와 배를 타고 그 마을에 들어가게 되는데 바로 거제도였다.

거제도 순회전도

거제도는 왓슨 선교사에 의하여 지어진 '돌로 된 케이크'라는 별명이 있을 정도로 바위로 된 지형이 많았다. 배가 도착하여 스키너 일행은 매서인과 함께 그 마을까지 나귀를 타고 가기 원하였지만, 힘없는 나귀 한 마리밖에 없었다. 짐만 나귀 위에 얹고 그들은 걷기 시작하였다. 4마일 정도 갔는데 작은 교회가 있었고, 그곳에서 그들은 매서인의 제안대로 여인들을 불러 예배를 드리고 격려하였다. 그곳에서 2마일 정도를 더 가니 교회지도자의 집인데 그곳에서 스키너는 점심을 먹고 새 찬송을 가르치기도 하였다.

그 후 길을 더 가니 작은 마을이 나와 그곳에서 숙박을 하게 된다. 그 집의 할머니는 15년 동안 기독교 신자라고 하는데 아직 세례문답도 못 받고 있었다. 그 할머니는 그로 인하여 상심하고 있었고, 죽기 전에 세례받기를 간절히 원하였다. 이 할머니 외에 다른 다섯 명의 여성들도 세례를 기다리고 있다는 것이었다. 스키너는 쪽복음을 주었고, 요한복음 3장 16절을 가르쳤다. 그리고 글을 읽을 수 있는 한 여성에게 다른 이들에게 성경을 읽어주도록 지도하였다.

스키너 일행은 목적한 한 어촌 마을 지석에 도착하였다. 그 마을에 외국인 여성이 처음으로 등장하는 순간이었고, 아이들은 스키너를 구경하며 "참 웃기게 생겼다"라며 킥킥거렸다. 그 마을의 한 부자가 예수를 믿기로 작정하고 다섯 명의 여성을 포함한 전 가족을 전도하였다. 그 가족은 그날 저녁 스키너의 숙소에 찾아왔고 구경꾼들이 지켜보는 가운데 예배를 드렸다.

다음 날 스키너는 가가호호 방문하며 전도를 시작하였는데 대부분 기독교에 대하여 적대적이었다. 그래도 희망적이었던 시간은 그 부잣집 여인들과의 대화였고, 그중 딸 한 명이 글을 읽을 수 있다는 사실이었다. 스키너는 그 어머니에게 그녀를 통영에 보내어 훈련을 받게 하면 어떻겠냐고 제안하였다. 그러나 그녀는 할아버지의 반대를 두려워하는 모습이었다.

그 날 저녁 10명의 여인들이 스키너를 찾아와 기독교에 대한 이야기를 더 듣기 원하였다. 석태 어머니는 스키너에게 말씀을 부탁하였고, 여성들은 스키너의 이야기를 이해하는 듯하였다. 찬송가를 부르고 있을 때 한 노인의 큰 목소리가 들렸고, 부잣집 가족원들은 두려워하며 토끼같이 숨는 모습이었다. 석태 어머니가 문을 열자 지팡이를 든 그 노인은 역겨운 표정으로 방안을 둘러보더니 이내 가버렸다.

스키너 일행 주변의 사람들 중에 눈이 먼 어린 소녀가 한 명 있었다. 스키너는 그 아이의 집을 방문하였다. 예수에 관하여 이야기할 때에는 별로 관심이 없던 어머니가 그 아이 교육의 필요성을 이야기하자 듣는 모습이었다. 눈먼 사람들도 사회의 좋은 구성원이 될 수 있다고 예를 들어 자세히 설명하자 그 어머니는 감동을 받았고, 가족과 상의하여 학교에 보내겠다고 약속하였다.

다음 날 그 어머니가 찾아왔다. 눈먼 자기 딸을 통영의 선교사 학교에 보내겠다는 것이다. 그러나 비용은 낼 수 없다고 하였다. 스키너는 그 가정이 가난하지 않다는 것을 알기에 비용을 부담하여야 한다고 설득하였다. 결국 그 가정이 기숙사 비용을 부담하기로 하고, 그 아이를 통영의 호주 선교사가 운영하는 학교에 받아주기로 하였다. 그 아이가 후에 통영에 오므로 이 마을에서의 이야기는 전도여행의 큰 간증거리가 되었다.

당시 테일러 선교사는 통영지역 섬들의 의료사업 목적으로 빅토리아장로교 청년연합회가 기증한 의료선 '데이 스프링(봄날)'이 있었고, 그 배를 이용하여 통영 부근의 섬을 다니며 선교활동을 하고 있었다. 그러나 배의 상태도 좋지 않았고, 또 지형에도 밝지 않아 종종 문제가 있었는데, 때로 욕지도 등에 좌초되어 그곳에 며칠씩 있기도 하였다. 한 번은 왓슨 선교사와 매카그 선교사가 함께 화천을 가기 위하여 배를 탔다가 폭풍을 만나게 되는데, 그 고생한 이야기를 '통영의 서사시'라는 제목으로 1923년 12월 크로니클 선교잡지에 스키너는 게재하고 있다.

진명유치원

스키너 선교사는 독신이지만 어린이를 사랑하는 마음이 지극하였다. 순회 전도 시 새로운 마을에 도착하면 제일 먼저 어린이들을 만나고, 그들에게 노래를 가르쳐주고, 여러 가지 게임을 하며 가까워졌다. 어린이와 가까워지는 것이 부모들과의 관계를 맺는 좋은 길임을 그녀는 알았고, 또한 유치원이 훌륭한 전도기관임을 그녀는 경험으로 알고 있었다.

당시 동아일보는 1928년 10월 10일 통영에 유치원이 창립되는 기사를 내보내고 있는데, '통영어린이들이 한 푼 두 푼 모은 돈으로 유아원을 창립'이라는 제목으로 소개하고 있다. 또한 1931년 3월 19일 진명유치원 졸업식 기념사진은 당시 교사들과 학생들과의 단체 사진인데 맨 윗줄 정 중앙에 교장 스키너가 등장을 한다.

진명유치원은 1923년 스키너 선교사가 설립한 것으로 알려져

1931년 통영 진명유치원 졸업식. 맨 윗줄 왼쪽에서 두 번째가 공덕귀, 세 번째
가 최덕지, 네 번째가 에이미 스키너, 다섯 번째가 유치환의 부인 권재순이다.

있다. 그녀는 유치원의 참된 정신을 가르치기 위하여 크게 노력하
였는데, 때로 어린이에 대한 당시 한국문화에 가로막혀 어려움도
많이 겪는다. 유치원의 정신이 가르쳐지기보다 거절된다는 느
낌을 그녀는 받았고, 기대하지 못하였던 일이 벌어질 때마다 선교
사들은 종종 우울감에 빠지기도 하였다.

아이들은 보여주기 위함이나 박수받기 위한 존재 이상이라는 것
을 우리는 모두 배우고 있었다(코리언 미션 필드, 246-248).

또한 스키너는 1924년 진명야학을 설립하여 정규 학교에 진학
하지 못한 청소년들에게 여러 가지 과목을 가르쳤고, 이 영향으로
통영에 노동야학 등 여러 종류의 야학교가 등장하게 된다. 그러나

1929년 경남도지사로부터 진명야학은 해산령을 받게 된다. 당시 일제는 호주선교부에 신사참배를 하지 않으면 교육 사업을 할 수 없다고 통고하였었는데, 신사참배를 거부한 호주선교부는 교육보 조금을 받을 수 없었던 것이다. 당시 동아일보는 다음과 같이 전하고 있다.

> 경남 통영 수성회에서 현재 경영하는 노동야학회는 지금으로부터 사년전에 무산자녀들을 위하야 설립하고 근근 경영하야 오든중 지난 십일일부로 해산명령이 나리자 동회원 일동은 그 대책을 토 의함과 동시 지난 이십삼일 하오 대화정 청년회관 내에서 긴급 학 부형회를 개하고 선후대책을 강구함과 동시…(동아일보, 1929년 11월 28일, 띄어쓰기와 철자를 그대로 인용함).

후에 호주 선교사가 한국에서 추방될 때 충무교회는 호주 선교 사들과 또 그들의 재정지원 없이 유치원을 어떻게 운영을 해야 할 지 어려움에 처하게 된다. 결국 경남노회가 인수하기 전까지 충무 교회는 자체재정으로 임시로 운영하기로 한다(충무교회 100년사, 171).

그리고 1945년 4월 20일 충무교회는 일제의 탄압으로 초등학 교로 병용되고, 그리고 유치원은 결국 중단되었다.

산업학교

통영의 진명여학교는 타락한 생활에 빠져 있거나, 강제적으로 위험에 빠져 있던 어린 소녀들과 부인을 구하여 주고, 다시는 나쁜 환경에 빠지지 않도록 하는 데 그 목적이 있었다. 스키너는 1920년부터 이 학교를 운영하였고, 그곳에서 산업반을 분리하여 당시 산업학교라는 이름으로 발전시켰다.

가난한 부인에게 피난처와 안전을 제공하는 한편, 그들에게 초보교육과 수공예 등 기술을 가르쳐, 후에 사회에 나가서 직장을 가지고 당당하게 살도록 하는 사역이었다.

또한 산업반 학생들이 훈련받아 만든 '바느질 물건' 등 수공예품들을 호주 멜버른으로 보내었고, 그곳 여선교연합회는 산업 매대를 운영하여 학생들의 공예품을 판매하였다. 그리고 그 수익으로 진명학교 학생들을 지원하였다. 또한 매해 멜버른 시민들을 위하여 우수한 공예품을 멜버른 타운홀 등에서 전시회를 갖기도 하였다.

1926년 5월 크로니클 선교잡지는 스키너의 산업학교가 지원하는 여학생 몇 명을 소개하고 있다. 이들을 소개함으로 멜버른 각 지역의 선교지부들이 더 열심을 내어 모금하도록 격려하고 있는 것이다. 그 중 몇 명의 이름은 다음과 같다. 김규일은 어릴 적 뱀에 물려 물린 다리를 잘랐는데, 후에 어느 집의 첩이되었지만 아이가 없어 쫓겨났고, 장보은은 걷지 못하는 아이였는데 진주 배돈병원에 보내어 치료를 받게 하여 목발을 집고 걸을 수 있게 되었고, 송복순은

버려진 소녀로 거리에서 매일 마을의 남자들에게 시달림을 당하였
는데 매카그 선교사가 구하여 데리고 온 학생이었다(크로니클,
1926년 5월 1일, 8).

사실 통영항은 선교부의 '쓰레기더미'라고 불릴 만큼 각지에서
여러 모양의 사람들이 모인 곳이었다. 버려지고, 돌봄을 받지 못하
고, 사랑받지 못하고, 치료받지 못하고, 행복하지 못한 사람들 특히
여성들이 많았다.

산업학교는 그러한 젊은 여성들이 자긍심과 독립심을 가지고
노동을 하여 스스로 사회에서 살아가도록 도왔다. 그러기 위해서는
기본적인 교육이 필요하였는데, 초등학교 수준의 네 개의 반이 있
었고 읽기, 쓰기, 산수, 일본어, 음악 그리고 성경반이 있었다. 아침
수업이 있기 전에 예배가 있었고, 수업은 오전 8시 반부터 12시 15
분까지 진행되었다. 오후 1시 반부터 6시 반까지는 바느질과 자수
등 수공예를 하였고, 중간에 게임이나 운동 시간도 있었다. 기숙사
도 운영하였는데 주로 버려진 여성들이 거주하였다.

당시 통영에 있던 매카그 선교사나 왓슨 부인 등이 호주로 휴가
를 떠나고 나면, 그곳 학교가 텅 빈 것 같아 그들과 또 새로 보충되
는 던 선교사 등을 스키너는 기다리곤 하였다. 그만큼 스키너에게
동료선교사들은 중요하였고, 본인의 모국어를 사용하며 그들과 교
제하며 생활하는 것도 필수적이었다. 김춘수는 그의 시 〈처용단장〉
에 "호주 선교사네 집에는 호주에서 가지고 온 해와 바람이 따로 또
있었다"고 쓰고 있지만, 수만 리 떨어진 호주에 대한 그리움은 어쩔

수 없었을 것이다. 그럴 때면 스키너는 호주 멜버른 항구와 전경이 비슷한 진명강습소의 언덕에서 통영항구를 바라보며 위로를 받기도 하였다.

사실 서양 여성으로 당시 어촌 마을인 통영에 산다는 것 자체가 한편으로는 무모하기도 하면서, 외로운 생활이었다. 더군다나 서양 여성에 대한 여러 가지 편견과 오해 속에 스키너는 살아야 했는데, 당시의 분위기를 그녀는 다음과 같이 적고 있다.

어떤 이는 우리는 왜 남편이 없는지 묻는다. 또 다른 이는 우리가 사람들의 눈과 코를 위한 약을 만든다고도 하고, 또 다른 이는 우리가 젊은 여자들을 훔쳐 판다고도 하였다. 해외에서 온 우리를 야만인이라 하였고, 떡을 젓가락으로 먹지도 않는다고 하였다!(코리아 미션 필드, 205-206).

그러나 스키너에게는 동역자들이 있어 항상 외롭지만은 않았다. 통영 선교부에 속한 성경부인들과 교사들과 함께 한산도 등 인근의 섬으로 가서 휴식이나 수련회를 가지기도 하였다. 특히 성경부인들이 계속되는 고된 전도여행으로 지쳐있을 때, 그들을 위하여 스키너는 쉼과 재충전의 기회를 제공하였다. 한국 여성들은 집 안이나 밖에서 쉴 수 있는 시간이 별로 없다는 것을 스키너는 안타까워한 것이다. 그들은 한산도에서 수영도 하고 조개도 잡았고, 또한 스키너가 만든 서양 빵 스콘을 먹으며 즐거운 시간을 갖기도 하였다. 이 대목에서 경상도 사투리를 줄줄 쏟아내는 유쾌한 에이미를 상상해 보라!

통영교회(통영대화정교회를 선교사들은 통영교회로 약칭함)는 1925년 12월 12일부터 부흥회를 시작하는데, 세 달 전부터 새벽기도회에서 교인들은 부흥회를 기도로 준비하고 있었다. 처음에 스키너는 새벽기도회의 통성기도가 자신의 기도를 방해한다고 생각하였지만, 시간이 지남에 따라 통성의 목소리가 묘하게 감동을 준다고 적고 있다. 또한 스키너는 부흥을 위한 기도와 전도의 열정이 통영 지역을 감돌고 있음을 묘사하고 있다(크로니클, 1926년 2월 1일, 9).

당시 그곳 노회는 각 지역 교회에서 국내와 해외 선교회를 조직하도록 하였고, 그해 추수감사절에는 통영교회에 160엔이 헌금되어 중국의 선교사를 돕기도 하였다. 주일학교도 34엔을 헌금하였다. 그리고 얼마 안 있어 중국 산동에서 선교하는 한국 선교사가 와 강연을 하였는데 교회는 사람들로 넘쳐났고, 120엔을 헌금하였다. 당시 1엔은 노동자의 하루 임금이었고, 통영교회에는 250명 정도의 교인이 있었다.

스키너는 산업학교의 여학생들에게 요약된 교리문답을 가르쳤는데, 흥미로운 토론이 많이 있었다. 하나님의 축복 중에 가장 좋은 복이 무엇인지 학생들은 서로 토론을 하기도 하였고, 어떤 학생은 마음의 평화를, 어떤 학생은 성령 안에서의 기쁨을 그리고 다른 학생은 끝까지 인내함을 들었다고 한다.

양한나의 호주방문

1926년 9월 20일에 스키너는 양한나와 함께 호주 시드니를 통과하고, 곧 멜버른에 도착한다. 그리고 그곳에서 여선교연합회의 환영을 받는다. 양한나는 한국인 여성으로는 처음으로 스키너의 도움으로 호주 땅을 밟은 것이다. 양한나의 호주 방문 사실은 당시 동아일보에 다음과 같이 기사화되고 있다.

시내뎡동 리화유치원에서 오래동안 보모로 잇던 량한라씨는 작십칠일에 '오스트랄리'로 류학의 길을 떠낫는데 조선 녀자로 오스트랄리에 류학하기는 이분으로써 처음이라 하겟슴니다(동아일보, 1926년 8월 18일, 3면. 철자법과 띄어쓰기 그대로 인용함)

양한나는 빅토리아의 교회들을 방문하여 강연도 하고 견학도 하며 다니다가, 1927년 8월 5일 스키너와 함께 멜버른의 큐교회에서 환송식을 받고 다시 한국으로 돌아온다. 그녀는 호주교회를 방문하여보니 그곳의 여선교연합회가 선교사를 파송하는 정말 위대한 일을 하고 있는 줄 알게 되었다고 한다(크로니클, 1927년 9월 1일, 5).

1927년 4월 1일자 미셔너리 크로니클은 '빅토리안 교회에 대한 한 한국인의 인상'이란 제목의 양한나의 글을 그녀의 사진과 함께 싣고 있다. 그녀는 호주교회와 한국교회를 다음과 같이 비교하고 있다.

어떤 빅토리아의 교회는 서로 안부를 묻지 않는 것 같다. 예배 후 인사 없이 헤어지기도 하는데, 친한 사람들끼리만 인사하는 것 같다. 한국의 무지한 교인들의 관습은 정 반대이다. 백 명이 모이면 모든 사람이 언제든지 서로 안부를 묻고 서로의 사정을 대부분 잘 안다(커와 앤더슨, 319).

후에 스키너는 그들이 발굴하여 호주에 보낸 첫 한국인 김호열과 양한나 같은 재능 있는 인재들의 호주방문을 가치 있게 설명하면서, 호주교회의 한국선교가 헛되지 않다고 언급하고 있다. 양한나는 실제로 후에 부산의 YWCA 초대회장을 지내며 한국 여성운동사에 큰 업적을 남겼다.

뿐만 아니라 스키너는 앞으로 더 많은 한국 학생들이 호주를 방문하기 원하였으며, 미국선교부가 운영하는 한국의 미션스쿨이 우월한 것은 많은 학생들이 미국을 방문하여 학업을 마칠 수 있었기 때문이라는 설명도 덧붙이고 있다. 한국인의 호주방문은 이방인에 무관심한 호주교인들에게 선교에 대한 큰 관심을 불러온다고 미셔너리 크로니클 선교지 서론에 호소하고 있다(크로니클, 1927년 9월 1일, 5).

휴가를 마치고 스키너가 통영으로 다시 돌아오자 그곳 사람들은 스키너를 다시 보게 되어 무척 기뻐하였다고 함께 동행한 보이드 양은 후에 말한다. 유치원에서 환영 모임이 열릴 정도로 스키너는 이미 통영에서 많은 사랑을 받고 있었으며, 그녀가 혹시 다른 선교부로 이전하여 갈까봐 사람들은 염려했던 것 같다.

스키너와 한국 친구들

만약에 '우정'이 선교사의 더할 나위 없는 과제라고 한다면, 에이미는 위대한 선교사이다(크로니클, 1954년 8월, 3).

호주장로교회 해외선교부가 훗날 스키너를 추모하며 언급한 말이다. 그녀의 주변에는 많은 한국인 여성들이 있었으며, 그들과의 친교와 우정은 스키너에게 중요한 일이었다. 호주 여선교사, 유치원과 학교의 한국인 여교사, 그녀가 가르치고 훈련한 여학생 등 스키너는 그들과의 우정을 돈독히 하였다.

호주 선교사가 세운 통영 진명학교와 마산의 의신여학교를 졸업한 최덕지는 19세가 되던 해인 1919년 진명학원 보조로 부임하였다. 이후에 스키너 선교사는 최덕지의 신앙과 절개 있는 애국심에 감복하여 그녀가 지방에서 유치원 교사로만 있을 인물이 아님을 알고 있었다. "최 선생은 보통 여성이 아니오. 비범한 인물이오. 주를 위해 크게 일해야 할 사람이오"라며 평양여자신학교에 보내어 공부를 지속하도록 하였다. 1935년 4월 평양신학교를 졸업한 후 그녀는 메이지 테잇 호주 선교사의 초청으로 마산지방 전도사로 부임을 하여, 테잇 선교사와 함께 창원, 함안, 창녕, 의령 등에 있는 83개 교회를 돌아보며 기독교 복음을 전하였다. 동시에 그녀는 신사참배 저항운동을 전개하는 등 민족의식을 깨우치는데 독립운동가로서도 큰 공을 세웠다. 최덕지는 후에 목사 안수를 받으므로 한국 최초의 여성 목사가 되었다(서상록, 한산신문, 2017년 1월 27일, 28).

공덕귀는 대한민국 4대 대통령 윤보선의 영부인이다. 그녀는 어릴 적 통영의 호주 선교사들로부터 피아노와 오르간을 배웠다. 진명유치원과 통영보통공립학교를 졸업한 후, 호주 선교사의 추천으로 동래 일신고등여학교에 가기 위해 준비하던 중 뜻밖에 아버지의 죽음을 맞게 되어 당장 떠나지 못하게 된다. 그러면서 진명유치원 보조교사로 일하였고, 밤에는 진명여학교에서 교사를 하였다. 그리고 3년의 시간이 흐른 1932년 스키너 선교사는 그녀를 다시 추천하여 동래 일신고등여학교에 입학을 하게 되고, 통영 선교부의 장학금을 받았다. 공덕귀는 그녀의 일생 중 가장 행복했다고 말한 시기가 바로 이 시절이었다고 한다. 후에 대한민국의 교육자, 사회사업가, 여성운동가, 신학자, 야당 운동가이며, 영부인이 된다.

시인 김춘수도 스키너가 재직하던 시기에 진명유치원을 다녔다. 그는 후에 그의 시 '시 속의 풍경'에 호주 아이, 호주 선교사, 호주의 딸 등의 단어를 사용할 정도로 호주 선교사가 교사였던 유치원 때 기억이 깊었다. 또한 같은 시에 '행주치마를 두른 천사'를 언급하는데 혹시 스키너를 말하는 것은 아닐까 하는 상상을 해본다.

세계적인 음악가 윤이상도 어린 시절 통영에서 학교를 다니며 풍금 반주에 맞추어 노래를 잘 부르고 악보를 곧잘 읽는 등 음악에 소질을 보였는데, 호주 선교사의 집에서 서양음악을 접하였다고 한다. 그는 후에 통영교회의 성가대를 지휘하였고, 후에 호주 선교사들이 사용하였던 양관 건물에서 요양하였다고 한다.

통영에서 태어난 소설가 박경리도 진명유치원 출신으로 후에 호주 선교사의 집이 배경이 되는 '김약국의 딸들'이라는 소설을 발표한다. 소설에 등장하는 용빈을, 어려운 일이 있을 때 호주 선교사와 '그들이 살던 집'에서 위안을 찾는 모습으로 묘사하고 있다.

또한 당시 스키너와 함께 순회 사역을 하던 한국인 성경부인들도 스키너의 동역자로 관계를 맺으며 함께 고생하며, 우정을 쌓아갔을 것이다. 그들의 이름 한 명 한 명도 장차 더 연구되어 기록되어야 하겠다.

누구보다도 스키너와 가장 가까웠던 친구는 위에서 언급한 양한나였을 것이다. 스키너는 그녀와 함께 호주를 방문한 것은 물론, 그녀의 가족과도 가깝게 지내었다. 특히 양한나 아버지에 관한 스키너의 글 속에서 그 가족을 향한 스키너의 애틋한 감정을 느낄 수 있다.

그해 나는 그의 셋째 딸과 함께 호주를 방문하였다. 당시 그녀의 아버지에 관한 기억이 생생한데 그는 그의 딸 여행 의상의 길이와 색깔에 대하여 실망한 모습이었으나, 우리가 떠나기 위하여 배에 올라탈 때 그는 삶은 커다란 닭을 우리 손에 들려주었다. 아버지의 이별선물이었던 것이다. 이 닭고기 선물은 그 후로도 계속되었는데, 특별한 때에 인삼을 넣은 닭고기를 제공하는 것이 아버지의 습관이었다(코리아 미션 필드, 207-208).

창신포교회에서의 경험

스키너는 1928년에 창신포에 새롭게 설립된 교회를 방문한 경험을 적고 있다. 그녀는 8년 전에 이미 이곳을 방문하여 전도활동을 하였지만 결실이 없었었는데 이번에 노회에서 전도하여 교회를 개척하였다고 한다. 스키너는 그곳 교회에서 예배를 인도하고 주일학교 운영하는 방법을 지도하였다.

그날 그녀는 길고 낙후한 창신포 항구 거리를 걸었는데, 한국의 어느 곳에서보다 더 많은 음식점과 술집이 있었다고 한다. 그곳은 어부들의 중심지로 많은 선박들이 정박을 하고 있었는데 술에 취한 사람들과 싸우는 사람들의 모습이 많았다. 그들 중 스키너와 동행한 성경부인에게 욕을 하거나 따라오는 사람들도 있었고, 동행하였던 젊은 성경부인은 결국 눈물을 흘리고 말았다. 그곳은 또한 당시 러시아 공산주의의 온상이었다고 하는데, 스키너도 경찰에 불리어가 질문을 받기도 하였다(크로니클, 1929년 1월 2일, 4).

통영 선교부는 선교부의 학교 학생들과 지역 주민, 그리고 운영하던 양계장을 위하여 안심하고 마실 수 있는 우물을 진명학교 부근에 만들기로 하고, 호주 여선교연합회에 지원을 요청하였다. 그리고 호주의 여선교연합회는 1930년 초 우물 건축을 위하여 33파운드를 지원하기로 하고, 나머지 17파운드는 산업위원회에서 지원하기로 하였다. 그리고 곧 우물 공사를 완성하였는데 둘레가 8미터, 깊이가 20미터나 되었고, 그들의 부모가 그 우물에서 물을 길어 마셨다고 기억하는 사람들이 아직 통영에 남아 있다. 현재 그 우물은 사용되지 않지만 돌 터가 남아 있다.

1933년 스키너 선교사는 휴가를 맞아 호주에 다시 가지만, 건강이 많은 좋지 않은 상태였다. 그녀는 빅토리아 앱워쓰 병원에서 3주간 입원을 하며 치료를 받았다. 많은 호주 선교사들 특히 당시 산업반의 교장인 커 선교사를 포함하여 여성 선교사들의 건강문제는 당시 빅토리아장로교 여선교연합회의 큰 걱정이었다. 한국의 주거환경, 음식, 위생, 날씨 등이 그들에게는 쉽게 적응할 수 없는 과제였던 것이다. 다행히 부산이나 진주의 호주 선교사 병원에서 치료를 받기도 하지만, 더 심각하면 호주로 돌아 갈 수밖에 없는 상황이었다. 그리고 실제로 건강문제로 중간에 선교활동을 그만둔 선교사들도 있었다. 여선교연합회 임원회는 선교사들의 의무일지를 받아보며 계속 그들의 건강을 모니터링하고 있었다.

특히 1933년은 진명학교에게 있어서 어려운 한 해였는데, 쥐들의 공격을 막아낼 수 있는 양계장의 필요성, 계란 값이 싼 관계로 수익이 거의 없어 기숙사 운영의 차질, 그리고 여성 선교사들의 병환으로 온 지도자의 공백 등의 어려움 등이 있었다.

꿈의 배 '희성'

그 다음 해, 다행히 건강을 회복하여 통영으로 돌아 온 스키너는 새로운 고민을 하게 된다. 당시 통영 선교부는 주변 섬 지역에 교회나 교인 가정 등 42개의 거점이 있었다. 그 섬에서부터 오는 공통의 질문이 있었다.

섬 교인: "우리에게 정기적으로 사람을 보내줄 수 있습니까?"

스키너: "어떻게 그곳까지 사람이 갈 수 있을까요?"

섬 교인: "날씨가 좋을 때 운영되는 배가 있습니다. 토요일 아침에 와서 월요일 낮에 돌아갑니다."

스키너: "그런데 누가 시간이 있어 매주 한 곳에만 주일마다 갈 수 있을까요?"

섬 교인: "해외선교부 배를 빌릴 수 있나요?"

스키너: "트루딩거 선교사가 매 주일마다 수영하여 가면 될까요? (스키너 특유의 농담이다) 미안합니다. 약속을 못하겠어요. 현재로는 우리가 갈 수 있을 때만 방문할 수 있습니다."

스키너와 섬의 교인들은 어떤 방법이라도 찾아야 하였다. 스키너는 전도 목적을 위한 배 소유를 꿈꾸고 있었다. 또한 성경부인들도 이 토론에 목소리를 가세하였다.

성경부인: "배가 있으면 우리가 한 번도 가보지 못한 섬에도 가서 전도를 할 수 있습니다. 배가 이곳에 얼마나 필요한지 신 교장님 고향 교회에 말씀드리면 어떨까요?"

스키너: "그럴까요. 한번 해보겠습니다."

스키너는 희망차게 대답을 하였다(크로니클, 1934년 7월 2일, 3-4).

스키너 선교사는 결국 1935년에 가서야 좋은 소식을 전하고 있

다. 드디어 배가 생긴 것이다. 스키너가 호주 휴가 시 호소하여 모은
헌금으로 배를 건조하였고, 진수식까지 하게 되었다.

열흘 후에는 우리 외국인만 모여서 '레타고'(출항하라)를 외쳤고,
작은 배는 물 위로 미끄러지듯이 힘차게 올라갔다. 배는 우리가 제
공한 만국기로 펄럭였고, 욱일기 위에 호주의 유니온잭이 펄럭였
다. 시험 승선을 하면서 우리는 소리도 지르고 펄쩍거리며 좋아하
였고, 엔지니어는 자기 아들을 높이 들어 올리며 즐거워하였다. 놀
랍게도 배는 흔들림도 없고, 엔진도 조용하였다(크로니클, 1935
년 7월 1일, 3).

'희성'이란 이름의 이 배는 행복한 깨달음을 전하자는 의미인데,
호주교회의 한국 사랑을 보여주는 증거였다. 이 배는 길이 33피트
에 6피트 넓이의 적지 않은 크기였고, 80명의 인원을 태울 수 있도
록 건조되었다. 그리고 곧 스키너는 그 배를 타고 섬 곳곳을 다니며
성경학교를 개최하거나 전도활동을 시작하였다. 주일에는 자원하
는 통영의 기독교 여성들과 약속된 섬을 방문하여 예배를 드렸는
데, 그 지역 여성들에게 큰 인기였다고 한다. 또한 때로 산업반의
여학생들을 대동하여 섬 전도여행을 다니기도 하였다.

그러나 이 이야기는 슬픈 이야기로 결말이 나게 된다. 스키너의
그 배는 결국 운영되지 못하였다. 외국인은 배를 소유하거나 운영
할 수 없다는 일제의 규정 때문이었다. 한국인 직원 이름으로도 그

배를 등록시킬 수 없게 되자 그 배는 결국 매매되었고, 그 대금은 일반 사역에 쓰이게 된다(커와 앤더슨, 190).

동래실수학교

1934년 산업반을 한 단계 높이 발전시키는 농업실수학교 건축에 대한 실행이 점차로 현실이 되고 있었다. 산업반에서 작게 운영하였던 양계장에는 닭, 토끼, 염소 등을 사육하고 약간의 채소를 농작하였는데, 이 경험을 바탕으로 좀 더 규모가 큰 학교를 설립하는 계획이었다. 커 선교사는 호주에가 설명회도 가졌고, 호주의 여선교회도 재정 후원을 결의하고 모금을 하고 있었다.

학교를 세울 수 있는 부지가 필요하였고, 농작물을 판매할 수 있는 시장, 그리고 운송의 방법도 준비하여야 하였다. 미래에는 과일, 채소 그리고 꽃까지 재배하여 시장을 넓힐 생각이 있었다. 그러기 위해서는 그곳 여성들을 농업인으로 훈련시켜 전문 경작을 할 수 있도록 하여야 하였다.

그리고 그 해 말 부산 부근 동래지역에 3.5에이커의 부지와, 양계장 3동 그리고 딸린 주택을 6천 엔을 주고 매입을 하게 된다. 커 선교사는 통영이 아닌 동래에 부지를 매입한 이유를 후에 다음과 같이 이야기한다.

통영 언덕은 물 부족과 식품과 운송의 높은 비용으로 그곳에 경제적인 투자를 하기는 어려웠다(커와 앤더슨, 108).

동래에 땅을 구입한 즉시 통영의 닭 130마리와 염소 3마리 그리고 5마리의 토끼를 그곳으로 옮기고 3명의 여성이 돌보게 하였다. 또한 농업학교로 승인을 받기 위하여 관계 당국에 신청을 해야 하였고, 당국도 그 사업에 큰 관심을 보이기도 하였다. 농업학교로서의 정식 승인은 1935년 6월에 나게 된다.

스키너 선교사는 동시에 유치원을 계속 책임 맡고 있었고, 정기적으로 호주선교부 소속 5개의 유치원 원장들과 교사들이 모여 회의도 하고, 훈련 프로그램도 진행하였다. 스키너는 그들을 한산도에 초청하여 '희성'호를 타고 가기도 하였고, 그곳에서 유치원 교사로서의 교육훈련과 잊을 수 없는 교제의 시간을 가지기도 하였다.

1937년 통영 선교부의 아름다운 새 건물이 완공되었다. 예전 건물은 20년 전에 지은 것으로 이제 너무 낡았던 것이다. 개관식을 앞두고 스키너는 전기가 제대로 작동하지 않아 염려를 하였고, 또 일본경찰에 개관식을 알렸는지 점검하였다. 전깃불을 고치고, 행사가 당국에 보고되었다는 사실이 확인이 되자 예식이 시작되었다. 스키너 선교사, 트루딩거 선교사, 건축가 등이 차례로 연설을 하였고, 스키너는 다음과 같이 말하였다.

여러분은 자랑스럽게 생각해도 좋습니다. 아래층에는 좋은 교실이 두 개 그리고 사무실, 위층에는 방 2개와 산업반 교실 1개가 있

습니다. 계단은 넓고 견고하며, 바닥은 튼튼합니다(크로니클,
1937년 7월 1일, 5).

스키너를 비롯하여 학교를 위하여 수고한 사람들에게 감사의
선물이 수여되었다. 본 행사에 대하여 보고서를 쓴 데이비스 선교
사는 스키너의 애완견도 흥분되어 앞줄에 앉아있던 스키너와 학생
들에게 달려들어 학생들에게 큰 웃음을 주었다고 적고 있다. 예식
후에 작은 음악회까지 있었고 참가자들은 밤 10시 반이나 돼서야
집으로 돌아갔다. 1937년 통영 선교부의 보고서에 의하면 낮에는
96명, 야간에는 87명의 학생들이 매일 이 건물을 사용하고 있다고
하였다(크로니클, 1937년 7월 1일, 5).

1938년에 스키너는 마산의 여학교 교장 일을 보고 있었고, 여학
교를 라이얼기념학교 건물로 옮기는 신청을 하기도 하였다. 그리고
1938년 말 호주 한국선교부는 스키너의 마산에서의 교장직과 유치
원 원장직 사임을 허락하였다.

일제의 탄압 속에서

1938년 말 커 선교사는 농업실수학교를 더 이상 학교로 운영하
지 않고 복지기관으로 변경할 것을 제안하였고, 호주선교부는 허락
하였다. 신사참배 문제는 1936년부터 호주선교부에 의하여 제기되
다가 1939년 호주 한국선교부에 신사참배에 대한 안건이 다시 대

두된다. 이 모임에서 하나님을 믿는 기독교인으로 신사참배를 할 수 없음을 분명히 결정을 하고, 동시에 학교 기독교교육 사업이 계속되도록 일본 정부와 최선을 다하여 대화한다고 하였다. 그리고 1939년 9월 세계 2차 대전이 일어나게 된다.

통영 선교부로 다시 돌아간 스키너는 진명학교에서 다시 사역을 시작하지만 여학교는 일 년 운영되다가 허락이 나지 않아 문을 닫게 되고, 산업반 기숙사의 여성반과 젊은 여성반은 복지기관으로 계속 남게 된다고 1940년 중순에 보고하고 있다. 스키너는 당시 여성들을 위한 이 학교를 계속 운영하려고 노력하고 있었고, 그러나 일본 당국의 압박은 점점 그 환경을 어렵게 하고 있었다. 스키너는 또한 당시 4명의 성경부인을 지도하며 순회전도를 하고 있었다.

당시 일제는 모든 학교와 교회에 신사참배를 강요하고 있었는데, 통영의 호주선교부 학교도 그 압력을 거세게 받고 있었다. 일본 당국은 당시 스키너 선교사를 이용하여 그들의 뜻을 관철하려고 하였는데, 학교를 지키고 싶은 스키너에게 큰 압박으로 다가왔다. 일제는 스키너를 영국인이라 소개하고 '사랑과 교육 사업에 헌신 봉사하는 사람'이라고 높이 평가하면서 회유하였는데, 신사참배를 묵인하도록 강요하였던 것이다.

호주선교부는 1936년 2월과 1939년 1월 두 차례에 거쳐 신사참배 거부 선언문을 발표하였고, 호주선교부 소속 학교들은 폐교의 길을 걷게 된다. 일제는 당시 통영 선교부 학교 학생들이 신사 참배를 한 것 같이 말하고 있지만, 호주선교부의 신사참배 거부방침이

단호한 상황과 후에 스키너의 기념비를 일제가 훼손한 사실을 보면 일본 당국의 그 홍보 내용은 신뢰하기 어렵다(충무교회 100년사, 2008, 194).

떠나는 신애미 교장

1939년은 스키너가 한국 땅에서 선교를 시작한 지 25주년이 되는 해이다. 통영교회 제직회는 그녀의 공적을 기념하기 위하여 1939년 5월 '신애미 교장 25주년 기념예배'를 드리고, 호주선교부 건물이 있던 우물 근처에 기념 비석을 건립하였다. 기념 비석 전면에는 '신애미 선교사 25주년 기념비'라고 적고 있고, 날짜와 함께 '충무교회 교우일동'이라고 밝히고 있다. 뒷면에는 '주안에서 항상 기뻐하라 내가 다시 말하노니 기뻐하라'라는 빌립보서 4장 4절 말씀을 새기고 있다.

그리고 스키너는 또 한 번의 휴가를 떠나게 된다. 스키너가 다시 돌아올 때까지 알렉산더 선교사가 그 일을 맡기로 한 것이다. 그러나 이번 휴가로 다시는 한국 땅을 밟지 못하게 될 것이라곤 그녀도 또한 교인들도 상상하지 못하였던 것 같다. 스키너는 1940년 7월 27일 호주 멜버른에 도착하게 된다.

그해 말 통영에 남아 보건소를 운영하고 있던 레인 부인 선교사는 스키너에게 통영의 상황에 대하여 편지를 쓰고 있다. 주변에 있던 해외선교사들이 속속 떠나고 있음을 알리며, 이웃 병원들은 어떻게 될 것인지 염려하고 있다. 이러한 불확실한 상황에서 레인 자신도 무었을 계획하여야 할 모르겠다고 하였다. 보건소에도 붕대, 바셀린, 비누 등 물품이 부족하여 호주선교부의 미션박스에 요청할 생각을 하고 있었다. 그러나 통영의 학교는 평정심을 유지하며, 평소와 같이 생활하고 있으며. 겨울을 위하여 석탄을 구매하였다고 알렸다(크로니클, 1941년 1월 1일, 5-6).

호주 선교사들의 철수

1940년 11월 28일 통영에서 열렸던 호주선교부는 독신 여성 선교사들은 가능한 빨리 호주로 돌아 갈 것을 결정하고 있다. 그럼에도 1941년 3월 18일 호주여선교연합회 회의에서 스키너는 5월에 한국으로 돌아가겠다는 의사를 표시하였고, 회원들은 박수갈채와 함께 감사를 표하며 허락하였다. 그러나 스키너는 불확실한 한국의 상황으로 인하여 결국 떠나지는 못한다. 그럼에도 이것은 그녀의 한국을 향한 헌신이 얼마나 지극했음을 보여주는 한 모습이다.

호주 여선교연합회 회장 홈즈는 1940년 7월 모든 회원들에게 공식 편지를 발표하는데 전쟁의 위협과 국가의 암울한 시대로 인하여 호주 선교사들을 한국에서 철수시킨다는 내용이다. 또한 선교사들과 선교를 지원하였던 빅토리아의 각 지부에 감사를 표하고, 나아가 한국의 기독교인들에게도 감사를 하고 있다(크로니클, 1940년 8월 1일, 1).

통영에서 스키너의 사역을 대신하고 있던 알렉산더 선교사와 테잇 선교사도 처음에는 일본 경찰의 금지로 출국을 못하다가 싱가포르를 거쳐 1941년 11월 17일 호주로 귀국한다. 마지막까지 남아 있는 선교사는 맥라렌 선교사, 라이트 선교사 부부, 그리고 레인 선교사 부부였다.

이후 호주 여선교연합회의 선교소식지 미셔너리 크로니클에는 당분간 한국선교에 대한 내용이 사라지고, 호주 원주민과 뉴 헤브리데스 선교활동에 대한 내용이 점점 많아지게 된다. 호주여선교회가 한국에 보내는 편지들도 수취인 불분명으로 되돌아오는 상황이 되었다.

1942년 6월 1일 크로니클 선교소식지의 한국소식란에는 여러 기관을 통하여 알아보고 있지만 한국에 남은 선교사들에 관한 아무 정보도 소식도 없다고 하며, 그들을 위한 기도를 멈추지 말아 달라고 호소하고 있다. 또한 선교사 가족들이 편지를 한국에 보낼 수는 있지만, 스위스 제네바를 거쳐 한국으로 보내지므로 수취인이 언제 편지를 받을 수 있는지도 불분명하였다.

에필로그

스키너 선교사는 그 후 호주 빅토리아주의 세일이란 소도시 한 학교에서 교사 생활을 잠깐 하였고, 그녀는 디컨이므로 교회에서 목회지를 추천하게 된다. 그러다가 1942년 초 빅토리아의 한 항구도시 와이알라에 부임하여 유치원을 개원하고, 한국에서 그랬던 것처럼 유치원 건물 건축 등 열정적으로 사역을 하게 된다. 알렉산더 선교사도 곧 그곳에 스키너와 합류하여 함께 일하였다.

그 후 스키너는 뉴 헤브리디스(현재의 바누아투) 선교지에 여선교연합회의 제안 받아 승낙하고 떠나게 된다. 그녀는 1944년 5월 14일 이번에는 남태평양의 한 섬을 향하여 멜버른을 떠나고 있었다. 스키너는 그곳에서도 섬들을 방문하며 순회전도를 하였고, 여성들과 어린이들을 위하여 수도 빌라의 병원 옆에 학교를 세우고 교육사업을 이어갔다. 호주의 여선교연합회는 스키너의 능력과 한국에서의 경험을 전적으로 신임하였고, 그녀의 활동을 적극 지원하였다. 스키너는 '뉴 헤브리디스 일기'라는 제목의 선교보고서를 크로니클에 연재하였다. 그녀는 이곳에서 6년간 일하였다.

그 후 스키너는 1954년 7월 9일 멜버른병원에서 숨을 거둔다.

그녀의 나이 65세였다. 크로니클 선교소식지는 한 페이지에 거쳐 스키너를 기억하며 해외선교위원회의 추모사를 남겼다. 그녀의 성인 같은 놀라운 헌신은 심하고 만성적인 육체의 장애 속에서 이루어진 것들이라고 하였고, 또한 그녀는 불굴의 선교사였으며, 봉사하고 사랑하고 웃는 기독교인이었다고 추모하고 있다(크로니클, 1954년 8월, 3).

같은 달 7월 22일, 빌라의 마가렛 화이트크로스 패튼 기념교회에서 스키너 선교사 추모예배가 열렸다. 그들의 교사로 그리고 지극한 친구로 사랑하던 스키너를 추모하며 빌라 지역의 여선교회 연합회원과 이리리키학교 학생들, 그리고 몇 명의 그곳 병원 간호사들이 참석을 하였다. 교회당은 각종 꽃으로 장식되었고, 예배는 예배순서를 위한 말 외에는 어떤 말도 없이 침묵 속에서 진행되었다. 그곳 장로교여선교연합회 회장은 그녀를 '그리스도 안에서 어머니'로 불렀고, 그녀의 선교정신을 이어받아 선교지의 모든 사람들이 그리스도에게 돌아올 때까지 계속 나아가자고 하였다(크로니클, 1954년 8월, 3).

스키너의 서거 소식을 전해들은 통영에서도 그해 8월 18일 통영교회에서 추모예배를 드렸고, 던 선교사와 왓킨스 선교사도 함께 참석을 하였다. 필자는 그날의 추모예배 순서나 추모사 내용 등을 찾으려고 수소문하였지만 안타깝게도 당시의 기록을 찾지 못하고 있다.

그리고 16년 후, 1970년 4월 5일 충무교회(통영교회의 후신) 제직회는 스키너 선교사 기념비를 다시 건립하도록 당회와 재정부에 일임하기로 가결하게 된다. 스키너 선교사의 기념비석은 1944년 일본 당국에 의하여 훼파되었던 것이다. 당시 충무교회 제직회는 다음과 같은 글을 남기고 있다.

통영을 사랑한 선교사로서, 통영을 위하여 일생을 바쳤던 스키너여! 이제 그녀는 가고 없으나 여선교사님이 사랑하고 아끼고 키웠던 분신은 자라나, 더 많은 결실을 맺어 훌륭한 인물이 배출되어, 이 나라의 문학, 예술, 음악, 정치, 경제, 기독교 각 분야에 꽃을 피워 헌신 봉사하고 있다. 우리는 영원히 스키너의 이름을 가슴에 기억하리라!(충무교회 100년사, 371).

참고문헌

「동아일보」. 1926년 8월 18일자, 3면.

장로교여선교회연합회. 「미셔너리 크로니클」. 호주 멜버른, 1914-1954.

충무교회 100년사 편찬위원회. 『충무교회 100년사』. 통영, 2008.

커와 앤더슨/양명득 편역. 『호주장로교 한국선교역사 1889-1941』. 동연, 2017.

서상록. "이야기보물창고 통영 선교사의 집 시리즈." 「한산신문」, 통영, 2016.11.–2017.08.

Federal Council of Evangelical Mission in Korea. *The Korea Mission Field.* Seoul Korea.

Presbyterian Women's Missionary Union of Victoria. *The Missionary Chronicle.* Melbourne
Australia, 1914-1954.

Kerr, E & G. Anderson. *The Australian Presbyterian Mission in Korea 1889-1941.*
Australian Presbyterian Board of Mission, 1970.

2장

에이미 스키너
선교사의 글 모음

글: 에이미 스키너

번역: 양명득

그때와 지금의 그 유치원[*]

새로 온 젊은 원장은 우리의 유치원을 앞뒤로 흔들며 비난의 화살을 퍼부었다. "나는 전에 이런 곳을 보지 못하였습니다! 어린이들이 앉을 의자가 없을 수 있습니까? 아이들이 뒤로 넘어지면 어떻게 하겠습니까? 자리 질서도 그렇고..."

나는 그녀에게 조용히 설명하였다.

"지금 막 80명의 어린이가 '졸업'하였고, 또 다른 80명의 아이들이 새로 들어 왔습니다. 이 시점에서 모든 것이 완전하게 준비될 수는 없습니다."

우리가 가지고 있던 근본 문제는 아이들을 얼마나 수용할 수 있는가하는 문제였는데, 그 공간에 의자를 들이는 것은 불가능하였다. 또한 계속되는 교육프로그램에 고정 의자가 있는 것도 비실제적이었다. 새 원장은 호통을 치며 앉았지만, 그녀의 비평은 우리가 지난 20여 년 동안 운영하여 온 유치원에 대한 평가를 시작하게 하는 신호탄이 되었다.

---

[*] 「미셔너리 크로니클」, 빅토리아장로교여선교연합회, 호주 멜버른, 1939년 10월 2일, 5-6.

　20여 년 전 캠벨 선교사와 알렉산더 선교사가 막 도착한 일꾼들의 '도움'을 받아 유치원을 설립하는 것이 가치 있겠다고 생각하였고, 무관심한 마음들을 인내심과 사랑의 노동으로 설득하였다. 그들은 교사들에게 그들의 임무는 도움을 받는 것이 아니라 돌봄을 베푸는 것이라고 가르쳤다. 그리고 그 마을의 불교공동체도 함께하도록 설득하여야 하였다. 유치원 사역은 대단한 시작이었다. 유치원 노래는 이곳에 맞게 적용되어야 하였고, 교사들에게 귀와 입으로만 가르쳐야 했는데, 그 와중에 종종 음정을 잃어버리기도 하였다. 선물과 재료들은 아무것도 없는 상태에서 구해야 하였고, 아이들 생활에 관한 전체 구상이 세워져야 하였다.

　이것도 대부분의 경우에는 '실론의 친절한 마음을 가진 코끼리'로 여겨지는 외국에서 온 우리 선교사들에게 주어지는 임무였다. 유치원의 정신이 가르쳐지기보다 막혀 있다는 느낌이 있었고, 기대하지 못하였던 일이 벌어질 때마다 우리 선교사들은 종종 우울감에 빠졌다. 그리고 아이들을 매일 씻기고 매주 목욕을 시키는 것이 필요한지 아닌지 등을 누가 결정하겠는가? 유치원 사역은 결코 쉬운 일이 아니었다.

　그러나 시간이 지남에 따라 최소한 통영은 유치원의 진정한 마음을 갖는 것 같았다. 비록 큰 도시는 아니지만 매해 봄이 되면 두 개의 기독교 유치원은 모두 깔끔하게 차려입은 부모들에 의하여 둘러싸이게 된다. 그들의 아이들이 입학을 하면 어떤 엄마들은 최소한 긍정적인 열정을 갖는데 "우리 유치원"이라는 그들만의 당파성을 드러내고, 그리고 어떤 경우에도 다른 이들에게 뒤처지지 않으려고 열심을 낸다. 한때는 유치원의 인기가 부끄러워질 때도 있었다.

훈련받은 아이들의 모습에서 나오는 매력에 집착한 나머지 교사와 부모들은 모든 경우에서 그들의 재주를 자랑하는 일에 열심이었고, 졸려하는 아이나 흥분된 아이 모두 밤새동안 깨어있게 하여 "프로그램"에 참여하게 하였다. 다행히도 지금은 그런 시기는 지나갔고, 아이들은 보여주기 위함이나 박수받기 위한 존재 이상이라는 것을 우리는 모두 배우고 있었다.

아마도 반년에 한 번씩 있는 유치원 "소풍"보다 더 도드라진 행사는 없을 것 같다. 예전에는 놀고 싶어 하는 어린이를 동반한 흰색 옷을 입은 열대여섯 명의 어머니들을 끌어내어 게임에 참여하게 하는 것이 큰일이었다. 그러나 요즘에 진행되는 모습을 보면 타악기를 연주하며 앞장서는 어린이들을 따라 왼쪽 오른쪽 그리고 뒤편에 어머니들이 소리쳐 노래한다.

저 꽃과 새는 사랑스럽다
너도 사랑스럽고, 나도 그렇다
우리 어린 친구들이여, 함께하자
그리고 노래하고 춤추자!

여러 색이 있는 나비모양의 색동옷은 빛을 더 내는 색조의 무늬가 있는 인조 비단으로 바뀌었고, 상점에서 만든 현대식의 조끼에 다가 주머니 위에는 갈고리 십자상이 있고 다른 쪽에는 비행기 모양이 수놓아 있는 등의 모습이다. 젊은 엄마들이 경쟁적으로 입힌 아이들의 옷은 점점 화려해 갔다.

"소풍가는 날에 왜 벨벳으로 된 옷을 입을까?"

만약 당신이 아름다운 옷을 가지고 있다면 언젠가 다른 사람들에게 보여주고 싶지 않을까? 이런 화려한 옷을 시장갈 때 입을 수는 없으니 젊은 부인들은 이런 때에 입는 것이 아닐까.

소풍 장소에 도착하면 가족별로 그룹이 나눠지고 점심식사가 공개되는데, 교사들은 학부모 임원들에 의하여 극진한 대접을 받는다. 아이들이 휴식시간을 가진 후에 서너 개의 놀이를 마치고 나면, 학부모들의 순서로 거의 90명에 가까운 젊은 부인들이 옷을 차려입은 채로 흥겨운 시간을 가지게 된다.

오후 4시 정도가 되면 임대한 차들이 도착을 하고, 각 어머니와 아이들은 작은 선물을 받아 집으로 돌아가게 된다. 이 모든 행사는 어머니회에서 준비되고 후원되는데, 지난번에는 사려 깊고 친절한 3명의 아버지들이 교사들을 위하여 차를 보내주기도 하였다.

우리 선교활동의 여러 가지를 제한해야 하는 이런 어려운 때에는, 그리고 그러한 여러 활동들이 한국에서 복음전도에 도움이 되는지 생각해야 할 이때에 유치원 선교도 그 비평적인 평가에서 벗어날 수 없다. 스탠리 존스가 말한 대로 이러한 간접적인 선교의 방법으로 사람들이 기독교를 '접종'하게 되면, 정작 진짜를 접하게 될 때 방해가 되지는 않을까? 불교도이자 할아버지 김 선생은 어린 옥희가 유치원에서 식사 전에 손을 잡고 기도하는 것을 보고서 따라 기도하는 것을 기쁨과 자랑으로 여기고 있다. 100여 가구가 넘는 가정에서 시편 23편과 요한복음 3장 16절을 노래로 부르는데 이것은 어린이들이 매우 좋아하는 찬송들이다. 어떤 때에는 어린이들이 가족 모두를 교회로 데리고 오는데, 어린이 예배 등의 활동이 유치원 프로그램의 주요 부분이 되고 나서는 뜸하여졌다.

"누가 오늘 아침 기도할까요?"라고 교사가 물어 보면, 5살인 정희가 때로 손을 들었다. 정희는 비기독교 신자 아들로 그 어머니는 그를 집에 두고 만주로 떠났다. 그 아이는 매일 어머니가 집으로 돌아오도록 기도하였다. 당시 만주에 있던 어머니는 그녀의 오빠를 보내어 집안 사정이 어떤지 알아보려고 했다는데, 설명할 수 없는 어떤 충동으로 그녀 자신이 집으로 돌아 왔다. 정희는 유치원 교사의 집으로 달려왔다.

"선생님, 선생님, 엄마가 집에 왔어요."

그리고 어떤 생각이 문득 들었는지 정희는 그 자리에서 손을 포개어 인사를 하고 음식 앞에서 감사 기도를 드리듯이 기도를 드렸다.

"하늘에 계신 아버지, 우리에게 밥과 음식을 주시고, 그리고 엄마를 집으로 보내 주셨습니다. 감사하고 또 감사합니다."

만약 이런 간증들이 충분한 가치가 없다면, 유치원 선교는 복음 전도의 수단으로서의 존재가치를 주장하기 어려울 것이다. 조용한 환경에서부터 공립학교의 큰 교실로 가 보면, 전에 훈련을 받지 못한 어린이들보다 그곳의 어린이들이 더 교육하기가 어렵다는 말이 있다.

학교에서 첫 몇 주를 보낸 병조의 예를 보자. 그 아이는 유치원에서 어린이 음악대를 지휘하였었다. 한 교사는 조금 늦게 유치원 교실에 들어 온 병조가 열정적으로 아이들을 '지도'하는 모습을 보았다.

"병조야. 왜 이 일을 하니?"

교사인 어머니가 물었다.

"왜요? 나는 선생님을 도우려했을 뿐입니다!"

그러나 병조 주변에는 감옥과 같은 집의 어두운 그늘이 있었다. 그가 그의 어머니와 유치원 교사들과의 친밀한 관계가 형성되지 않았다면, 그는 곧 그들에게서 떠날 것이었다. 한 해나 두 해정도 병조는 계속 주일학교와 예배에 나오겠지만, 학교의 여러 가지 행사로 시간이 점점 없어졌고, 주일은 특히 더 바쁜 날이기 때문이다.

여성 교사들에게는 어린이들 자신의 발전만이 그들 사역의 이유를 설명할 수 있는 최선이었다. 거의 다른 인종과도 같았던 20여 년 전의 아이들과 비교하여, 2~3년 동안에 현저하게 바뀐 한 명 한 명 의 어린이들은 '행복한 마음과 얼굴로 잔디 위에서 행복하게 놀고 있다.'

어떤 집안은 할머니의 절대적인 통솔 하에 삼촌, 이모, 형제, 자매 그리고 하인들 모두 아이를 키우는 어머니를 돕는데, 그 아이가 유치원에 입학할 때의 모습은 투정을 부리거나 아니면 누구든 때릴 기세로 주먹을 쥐고 있었다. 그러나 시간이 지나 교사 회의에서는

기쁜 소식도 오고 가게 되는데, 그런 아이가 나중에는 다른 어린이
들과 어울려 잘 논다는 이야기이다.

　　나의 아무 생각도 장소를 찾을 수 없네
　　당신의 젊은 삶 이후에는 -
　　지금은 당신이 들어주는 것으로 충분하네
　　나의 동화 같은 이야기를!

꿈의 배 '희성'[*]

꿈의 배는 겨우 일 년 전 한 사람의 마음속에서 상상되었다. 그리고 오늘 통영의 작은 항구에서 '희성'의 닻이 내려져 있고, 이것은 한국을 향한 고향 교회의 사랑의 증거이고, 경상남도 도서지역에 하나님의 나라를 세우려는 열망의 결과이다.

희성(스키너는 영어로 Hesaing이라고 적고 있고, '행복한 깨달음'의 뜻이라 설명하고 있다.)호의 크기는 길이가 33피트, 넓이가 6피트이며, 선실은 12피트 길이에 5피트 높이이다. 모든 승객이 착석을 하는 경우 80명이 탈 수 있으나, 실제로는 몇 명까지 탈 수 있는지 아직 모른다. 엔진은 일본제로 12마력이고 원유를 주유할 경우 시간당 8마일을 달릴 수 있다. 그러나 원유가 너무 거칠면 배는 움직이지 않을 것이라 들었다.

배는 통영에서 건조되었다. 매크레 선교사가 감독을 하였는데 마산에서 작은 배로 왔다 갔다 하며 완성하느라 잠 못 이루는 밤이 많았다고 한다. 우리는 한국인이 건조를 계약하는 것을 바랐으나,

---

* 「크로니클」, 1935년 7월 1일, 3-4.

그러나 그것은 실제적이지 못하였다. 한 한국인이 신청을 하였고 그의 설계가 거절되기도 하였지만 후에 유용하다고 판단되었고, 그러나 그는 목수들과의 분쟁도 일으켰다. 우여곡절을 겪었지만 결국 배는 견고하게 건조되었고 배 밑창은 동으로 입혀졌다.

그 배의 엔지니어는 다음 날 1시 30분에 희성호가 진수된다고 선언하였다. 진 목사는 그 시간이 매우 바쁜 시간이었지만, 추운 바람에 조선소에 나와 교인들이 모인 가운데 감사예배를 인도하였다. 어떻게 진행되었을까. 우리는 찬송가를 불렀고, 진 목사는 성경에 나오는 배들을 모두 언급하며 멋진 설교를 하였다. 딱 한 가지 언급이 안 된 배가 있었는데 노아의 방주였다! 우리는 또 찬송을 불렀고, 기도로 의식을 마치었다.

매크레 선교사가 나중에 다시 와서 거친 바다에 기름을 붓는 의식을 하였고, 열흘 후에는 우리 외국인만 모여서 '레타고'(출항하라)를 외쳤다. 작은 배는 물 위로 미끄러지듯이 힘차게 올라갔다. 배는 우리가 제공한 만국기로 펄럭였고, 욱일기 위에 호주의 유니온 잭이 펄럭였다. 시험 승선을 하면서 우리는 소리도 지르고 펄쩍거리며 좋아하였고, 엔지니어는 자기 아들을 높이 들어 올리며 즐거워하였다. 놀랍게도 배는 흔들림도 없었고, 엔진도 조용하였다.

다음의 질문은 배를 어떻게 운행하고 관리할까였다. 우리가 선택한 한국인 선장은 정직하고 바다를 두려워할 줄 아는 사람이었다. 그러나 그는 적극적인 자신감은 없어 보였는데, 트루딩거 선교사와 해외선교부의 배 선장의 도움으로 점차로 확신을 가졌고, 기관장과도 호흡을 같이 할 수 있었다.

이제 배가 운영되므로 6개월 전부터 계획하였던 2주 동안의 성경학교를 거제 섬에서 할 수 있었다. 이 마을에서는 몇 년 전 교회가 금지되었고, 교회당은 팔린 곳이다. 두 명의 기독교인이 아직 그곳에 있었는데 새로운 교회당을 짓기 위한 나무와 헌금을 확보하는 중이었다.

주일마다 내가 섬을 다닐 때 통영의 기독교인 여성들이 자원하여 동행하기를 원하였다. 그들이 자신의 점심을 싸가지고 오고, 또 섬 주민들에게 부담만 되지 않는다면 나는 마다하지 않았다. 아침에는 예배를 드렸고, 오후에 그 여성들은 이곳저곳 구경을 다니기도 하였고, 오후에 통영에 다시 돌아와 저녁예배를 드렸다.

통영 선교부에 배가 생기므로 이제 여러 가지 가능성이 제기되고 있었다. 희성호는 우리에게 큰 축복이자 동시에 큰 책임이기도 하였다. 이 배를 관대하게 제공한 호주의 친구들도 이 배가 이름 그대로 이곳의 많은 사람들에게 행복한 깨달음의 수단이 될 수 있도록 기도해주기를 부탁한다.

다도해로의 순회전도[*]

오래 동안 기다렸던 통영의 부흥집회가 시작되고 그리고 마침 내 끝이 났다. 교회당을 꽉 채운 성도들은 부흥강사의 능력에 대하여 말하였고, 주일날 교회 헌금은 현금과 약속헌금으로 3천 엔이 모아졌는데 새 교회당 건축을 위함이었다.

하루에 4번씩이나 모였던 그 집회는 우리 학교의 여학생들에게도 큰 영향을 끼쳤는데, 다시 보통의 일상으로 돌아가는 것이 염려될 정도였다. 교사들도 학생들의 그런 모습에 힘들어 하였는데, 한 남성 교사는 사표까지 내었다. 성경부인이 한사람씩 들어 와 신앙교육을 하였고, 교장인 나도 기대하였던 거룩하고도 조용한 분위기를 느낄 수 없었다.

"저와 같이 다도해에 같이 가시면 어떨까요."

한 젊은 성경부인이 나에게 제안하였다.

"지금 우리가 얼마나 바쁜지 잘 알잖아요."

나는 대답하였다.

---

* 「크로니클」, 1937년 1월 1일, 4-6.

"내가 이 재봉 방을 떠날 수 있는지 채 부인에게 물어 보세요."

"나에게 묻지 마세요."

채 부인이 대답하였다.

"저 학생들에게 물어보세요! 교장 선생님이 떠나 있으면 꼭 뭔가가 잘못되잖아요!"

그러나 성경부인의 제안대로 나는 다음 날 작은 항구에 정박되어 있던 매우 오래된 배에 올랐다. 장장 다섯 시간 동안의 항해 속에 태양과 바다를 건너 작은 섬에 도착하였다. 섬 한 편에서는 일본을 볼 수 있었고, 다른 한 편에는 박 선생이 주일마다 그의 가족을 데리고 가는 교회가 있는 마을이 있었다.

박 선생은 우리가 오는 것을 모르고 있었고 또 바쁜 계절이었기에 두 명의 며느리만이 집에서 일꾼들을 위한 점심을 준비하고 있었다. 그 집에는 다른 집처럼 어린이와 아기들이 있었고, 기독교 가정 아이들을 알아보기 어렵지 않은 것은 보통 그들이 깨끗하기 때문인데, 그 집 아이들도 깨끗하였다. '안식'이는 사랑스런 아이였는데, 주일 날 태어났다.

이 집에서 볼 수 있는 것은 '기도의 방'으로 작지 않은 크기의 방이 있다는 것이다. 그 방에는 작은 책상이 있었고, 뉴 선교사의 주일학교 포스터가 단정히 걸려 있었다. 박 선생은 곧 집으로 달려 왔고, 따뜻한 환영을 해주었다. 그는 말하기를 주민 대부분이 지금 밭에 나가 있기 때문에 순회 나가는 것은 소용없다고 하였다. 그러나 저녁에 젖소 우유를 짜고, 회중을 모을 수 있다고 하였다.

오후부터 교회의 젊은 구성원들이 짝지어 들어오기 시작하였다. 저녁 식사를 마치자마자 기도의 방에 호롱불이 들어 왔고, 어린이들도 밀고 들어 왔다. 박 선생은 그들에게 나가라고 하였지만, 우리는 예배 전에 먼저 아이들에게 이야기 하나를 들려주고 찬송도 가르쳐 주기로 하였다. 박 선생은 아이들에게 "이리 오라"고 하면서 이야기 하였다.

"너희들은 말썽쟁이들이 아니지? 학교에도 가고. 어떻게 조용히 듣는지 알지? "

아이들은 금방 조용해졌다. 어린이를 다루는 박 선생의 방법에 나는 좋은 인상을 받았다.

동행한 성경부인은 아이들에게 오병이어 이야기를 해주었다. 그리고 찬송가 '예수 사랑하심을'을 한 구절을 가르쳤고 아이들은 방에서 퇴장하였다.

5~6년 전과 비교하면 이 어촌 마을의 교양은 높아지고 있는 것이 분명하였다. 오늘 아침 내가 집에서 떠날 때 주일학교 잡지를 받았는데, 그 잡지에 있는 성경공부 내용으로 '새 생명의 기독교'라는 제목의 말씀을 준비하였다. 그러나 결국 회중에게 내가 한 이야기는 '탕자이야기'였다. 여기 모인 사람들 대부분이 아마 처음 듣는 이야기일 텐데, 이 말씀을 전하는 것은 큰 특권이었다. 그들은 집중하여 나의 이야기를 들었다. 그날 밤, 여섯 명의 사람이 기독교인이 되겠다고 하였다.

다음 날 박 선생 계모의 안내로 몇 집을 다니며 설교를 하였다.

세 가정에서 친절하게 우리를 맞이하였는데, 그곳 남성들이 말하였다.

"당신의 말 속에 진실이 있다는 것을 우리는 압니다. 왜냐하면 박 선생이 변하는 것을 우리가 보아 왔거든요."

우리는 박 선생 집의 기도의 방과 새벽마다 간구하는 그의 기도가 얼마나 중요한 역할을 하는지 알 수 있었다.

네 번째 집은 큰 집이었는데, 대문에 빨간색 십자가가 있었다. 서로 인사를 나눈 후 우리는 그 십자가에 대하여 물어 보았다.

"아, 그 십자가는 기독교와는 아무 상관이 없습니다. 그것은 일본의 적십자입니다."

그 집 아버지가 대답하였다. 그는 꽤 논쟁적인 사람이었고, 대화가 쉽게 이어지지 못하였다. 그때 작은 학교의 교사가 방문하였는데, 그가 조용하게 대화를 이어주었다.

이 날 오후 나는 피곤하여 한 자루의 쌀처럼 배 위에 앉아 책을 보고 있었는데, 어디선가 맥주 냄새가 풍겼다. 어떤 남성이 가까이 앉으면서 나에 물었다.

"당신은 기독교인인가요? 어느 교회에 다닙니까? 당신도 이런 기독교인인가요?"

그는 묵주와 명상서를 그의 주머니에서 꺼내 보였다. 나는 나의 성경을 꺼내 보였고, 그는 매우 흥분하며 말하였다.

"장로교! 장로교! 그러면 루터에 대하여 들어 보셨겠네요. 당신은 기독교인이 아니라 루터교인이군요!"

그와 논쟁하는 것이 쓸데없다고 생각한 나는 본인이 배운 대로 잘 믿으라고 말해주었다.

"어떻게 하면 잘 믿을 수 있을까요?"

그는 또 질문하였다.

"술 마시는 것을 멈추는 것이 한 방법입니다."

나는 대답하였고, 그는 나의 대답을 좋아하지 않았다. 나는 책을 가지고 배 앞부분으로 자리를 옮겼다. 그는 나를 따라 왔다.

"지금 읽는 것이 무엇인가요?"

나는 대답을 안 하였다.

"찬송가인가요?"

"아니요. 찬송가가 아닙니다."

그는 잠시 있다가 비웃듯이 툴툴거리며 말하였다.

"한국말도 제대로 못하면서…."

그리고 그는 자기의 자리로 돌아갔다. 혼자 남겨진 나는 바다와 석양 그리고 떠오르는 달을 보고 있었다.

50여 채의 집이 있는 이 돌 섬을 이틀 동안 방문하고 나서 나는 이곳에 대한 새로운 관점을 가지게 되었다. 5년 전 이 섬과 연계된 다른 섬의 해안을 한 성경부인과 걷고 있었는데, 그녀가 말하였다.

"저 섬에서 말씀을 가르쳐 달라고 초청하였는데, 그곳에는 선교사나 성경부인이 아직 가보지 못한 곳입니다."

그러나 지금은 이 섬이 박 선생과 그의 집사들이 모여 기도하는 곳으로 우리는 항상 기억하고 있다. 그리고 그의 기도대로 하나님

이 다도해를 에덴동산으로 변화시켜 하늘의 아버지를 알고 섬길 수
있도록 간절히 바란다.

복금이 할머니*

70년 전에 경상남도의 한 씨 가문에서 난 밝은 얼굴의 딸 복금이가 돈이 많은 양반집에 시집을 갔다. 그녀는 곧 남편과 시댁의 사랑을 받았는데, 얼마 지나지 않아 알게 된 사실은 남편이 평소에는 친절하고 관대하지만 술자리만 있으면 그 후에는 변함없이 아내를 폭행하였다.

그녀는 3년 동안이나 그렇게 살아야 했다! 그러던 중 그녀는 어느 날 아침 일찍 일어나 물을 길어 밥을 안치고, 급하게 친정으로 돌아갔다. 양반집의 위신은 특히 아이가 없는 경우 도망간 며느리를 다시 데려오지 않았기에, 복금이는 그녀의 친정어머니와 함께 살 수 있었다. 그녀의 남편은 결국 술로 인하여 나중에 사망하게 된다.

복금이에게 당시의 삶은 쉽지 않았다. "과부도 아니고, 아이도 아니고, 소녀도 아니었다." 그녀는 그녀의 어머니 집에도 오래 있지 못하였는데, 그녀의 오빠 아내가 아이 셋을 남겨두고 죽었기 때문이다. 그리고 다음 해 오빠도 사망하여 그 아이 셋을 복금이가 떠맡

---

* 「코리아 미션 필드」, 한국기독교사연구회, 1936년 10월, 205-206.

게 되었다. 읽지도 쓰지도 못하였던 그녀는 손으로 짠 물건들을 머리에 이고 여기저기 다니며 팔아 생계를 이어갔는데 생활은 점점 어려워져 갔다. 그때 한 가지 큰 수입을 벌 수 있는 일이 생겼고, 그녀는 결국 그 일을 하기 시작하였다. 아이 둘을 가진 홀아비와 강제로 결혼하고 선술집을 운영하는 것이었다.

아이 다섯을 키우랴 일하랴 복금이는 매우 바빴는데, 그럼에도 그녀는 돈을 많이 버는 데 성공하고 있었다. 그러나 가족들에게서는 인정을 받지 못하였다. 어느 날 그녀의 조카와 남편의 아들에게 같은 결혼잔치가 베풀어졌다. 그 조카와 그의 아내는 젊어서 죽었고, 그들의 아기도 할머니의 품속에서 사망하므로 한 씨 가족에는 더 이상 남자가 없었다. 그러므로 복금이는 그녀의 모든 희망을 큰 조카인 윤길이에게 걸었는데 그녀는 밝은 얼굴을 지녔고, 활발하였으며, 복금이와 같이 강한 심성을 가졌다. 복금이는 돈이 많은 것이 꼭 행복하다는 것이 아님을 알고, 윤길이가 18세 되는 해에 가난하나 좋은 집안에 시집을 보냈다. 윤길이는 그 집에서 처음에는 행복하였다. 그러나 그녀의 남편이 일확천금을 꿈꾸며 북쪽으로 떠나가기로 하였고, 윤길이는 두 어린 딸과 시부모와 함께 남게 되었다.

바느질로 이웃에게 품삯을 받아 생활을 이어가던 윤길이에게 깊은 우울증이 들어차기 시작하였다.

"이 모든 것이 무슨 소용이 있나?"

그녀가 글쓰기를 배우려하자 여자의 일은 남편과 아이들을 돌보는 것이라며 복금이가 야단을 쳤다. 그러나 남편이 항상 떠나 있으면 그것이 무슨 소용인가? 윤길이의 이런 슬픈 모습을 본 시어머니는 걱정이 되어 부산에서 평양까지 두 번이나 걸어가 그의 아들이 집으로 돌아올 것을 설득하였다.

이 당시 해외에서 온 두 명의 여성 선교사가 있었고, 이들이 함께 생활하는 모습에 이 마을에는 관심이 증폭되었다. 무엇 때문에 이들이 왔을까? 왜 이 여성들은 남편이 없을까? 어떤 이는 말하기를 그 여인들은 사람들의 눈과 코를 위한 약을 만든다고 하고, 다른 이는 그들이 젊은 여자들을 훔쳐 판다고도 하였다. 해외에서 온 그 여인들을 야만인이라 하였고, 떡을 젓가락으로 먹지도 않는다고 하였다! 그리고 또 한 가지 소문은 그들이 종교적인 생활을 가르친다고도 하였다.

어느 날 저녁 윤길과 그의 동생은 머리에 보자기를 쓰고 가다가 한 집에서 일어나는 일을 보았다. 몇 명의 여자 아이들이 벽에 붙어 있는 찬송가를 배우고 있는 모습이었다.

"천지의 하나님… 인류를 심판하실 하나님…."

이것이 윤길이에게 인생의 다른 의미로 다가왔다. 윤길은 그 상황에 깜짝 놀랐다. 다음 날 저녁 윤길은 그녀의 시어머니에게 그곳에 한 번 가 보자고 하였고, 그 외국 여성들이 해치지 않을 것이라고 하였다. 결국 함께 온 시어머니는 그 시간을 지루해하였지만 윤길이는 앞으로 교회를 계속 다니게 되었다.

윤길의 남편이 한번은 평양으로부터 돌아 왔는데 윤길이가 밤마다 외국인의 집에 가 논다고 주변의 사람들이 고자질하였다. 남편은 자신의 부모도 윤길의 그런 행동을 지지한다는 데 놀랐다. 윤길은 남편이 박해를 시작하자 집을 떠나려고 신속하게 짐을 쌌는데, 그것을 본 남편은 그 후로 더 이상 반대하지 않았다. 그의 아이들은 미션스쿨에 보내어졌다.

이 동안에도 복금이 할머니는 일을 계속하고 있었다. 외국인 선교사는 지날 때마다 할머니에게 말을 붙였다.

"자매님, 언제 예수께로 돌아오시겠습니까?"

우리는 사람들을 만날 때마다 짧으나마 대화를 시도하였다. 윤길이도 가족들을 설득한 것 같이 복금이 할머니를 전도하려 하였다. 그러나 할머니는 꿈적 하지 않았다. 그때 그 지역에 하와이로 이주하는 물결이 있었는데, 윤길이도 그 대열에 합류하였다. 그러자 외로워진 복금이 할머니는 윤길이가 위로를 받았던 곳을 찾았고, 그리고 주일에 그녀는 교회에 나타났다.

그 이후로 할머니는 절대 흔들리지 않았다. 하던 사업도 그만 두었다. 그녀는 다른 사람들을 위하여 봉사하였고, 윤길이의 가족과 합하여 12명의 큰 식구가 되었다. 지난 25년 동안 복금이 할머니는 교회 예배에 한 번도 빠지지 않은 것으로 알려졌다.

그 할머니는 현재 87세이다. 밝은 얼굴의 윤길이도 떠났고, 크고 행복하였던 식구도 이제 5명만 남았다. 그녀는 현재 손녀들로부터 사랑과 도움을 받고 있는데, 그 손녀들의 엄마가 할머니에게 사랑을 받은 것처럼 말이다. 그녀는 여전히 웃기를 즐겨하고, 가족들의 건강을 위하여 자신의 할 일을 하고 있다. 주일에는 찬송가책을 내다 놓으며 봉사를 하였는데, 희년에 할머니의 단 한마디는 "내일을 기다리라!"였다.

그러나 그녀의 가장 큰 기쁨은 설교였다. 경찰, 행상인, 방문자 등 다양한 사람들에게 길을 보여주며 그 길을 걷도록 권고하였다. 그녀의 떨리고 늙은 음성을 종종 반복하여 들을 수 있는데 "여호와는 나의 목자시니"로 시작하여 끝 부분인 "내가 여호와의 집에 영원히 살리로다"까지 막힘이 없었다.

분이

분이는 우리 학교의 초기 학생들 중 한 명이었다. 그 아이는 다가가기 어려운 아이였는데 어떤 문제가 있던 학생이었고, 정확히 무엇이 문제인지 학교 교장들도 잘 모르는 상황이었다. 그러나 교사들은 분이를 학생으로 존경하였고, 그 아이는 조용하고 순종적으로 공부에 참석하였다. 분이는 맥피 선교사에게 자기는 착한 학생이 될 수 없다고 하였지만, 때가 되자 그녀는 세례 받기를 자원하기도 하였고, 교회에 받아들여졌다.

우리가 듣기로 분이는 집에서는 다루기 어려운 아이라고 하였고, 그녀의 계부가 학대한다고도 하였다. 어쨌든 그 아이는 행복하지 못한 모습이었다. 3월에 분이는 졸업하기로 되어 있었는데, 교사들이 내게 말하기를 분이는 끝까지 공부를 못할 것이라고 하였고, 시골에 있는 비신자 이모 집으로 간다고 하였다. 집에서는 더 이상 분이를 데리고 있지 못할 재정적 상황이라고 하였다.

이 소식을 들은 학교 교사들과 기숙사 사감은 분이를 도울 방법을 강구하였고, 졸업할 때까지 분이를 지원하기로 하였다. 분이는 이미 이모 집으로 떠났지만 편지를 보내어 다시 학교로 오도록 하였다. 분이는 기숙사에서 본인의 책임을 다하며 다시 공부를 시작하였다. 나에게는 분이가 전보다 조금 더 친절하고 안정적으로 보였다. 그러나 분이는 무슨 일인지 뒷산에 올라가 울곤 했다는 이야기를 후에 들었었다. 나는 분이와 이야기를 하려고 했지만 좀처럼 기회를 주지 않았다.

그러던 어느 토요일 저녁 기도시간에 분이는 없어졌다. 그리고 얼마 지나지 않아 분이의 어머니가 우리에게 와 놀라운 소식을 터뜨렸다. 분이가 죄를 지었다는 것이다. 한국 가정에서 종종 그런 것처럼 참회의 여지가 없는 상황처럼 보였다. 우리가 염려하며 이야기를 하고 있는데, 분이가 걸어 들어왔다. 분이는 아무 말도 하지 않고 그녀의 책과 옷을 두고 떠나갔다. 우리도 무슨 말을 해야 할지 몰랐다.

기숙사 사감은 크게 상심하였지만 분이의 어머니는 더 상심한 모습이었는데, 연약한 그녀는 남편과 분이로 인하여 항상 고통을 받아왔기 때문이다. 분이 엄마는 분이를 이웃집에 맡기고, 집으로 돌아가 혼자 남편을 마주하였다. 남편은 분이를 잡지 못하자 분이가 가지고 있던 교과서와 수료증서 등 모든 소유물을 불태웠다. 그리고 아내를 벌주었다. 다음 날 분이는 기차로 마을을 떠났다.

주일 날 교회의 한 목사는 말하였다.

"우리는 분이를 성찬식에서 배제하겠습니다. 그러나 분이가 하나님의 은혜 밖에 있는 것은 아닙니다. 여러분 모두 그녀를 위하여 기도해주시기 바랍니다."

서론: 코리안 미션 필드*

호주장로교선교부가 일하고 있는 경상남도는 한국의 13개 도(道) 가운데 세 번째로 작은 지방이다. 이곳은 가장 인구밀도가 높고, 일본과 근접하여 있으며, 통계에 따르면 1인당 가장 많은 맥주를 소비하는 곳으로 알려져 있다.

이 세 가지 특징은 그들의 특이한 문제를 말해주고 있다. 이 지역은 부자 지역이 아니며, 또 큰 재산가가 많지 않을 것이다. 그럼에도 불구하고 교인들은 희생적으로 헌금을 드렸고, 그것으로 경상도의 교회는 자급하고 있지만 기독교교육을 위하여서는 남는 것이 하나도 없었다. 그러므로 하나 남은 남자 고등학교는 선교부에 의하여 지원받고 있고, 각 선교부마다 여학생들을 위한 미션 고등학교가 있다.

경상도는 다른 곳보다 일본으로 건너가는 사람들이 더 많은데, 이 중에는 교회에서 지도자로 양육할 젊은 남성들이 있다. 지난 3년 동안에 있었던 두 번의 큰 홍수는 사람들의 생명과 재산을 빼앗아

---

* 「코리아 미션 필드」, 1936년 10월, 10.

갔으며, 그 재난은 사람들을 집과 교회에서 떠나게 하고 있다.

한국의 두 번째로 큰 도시 부산에는 156,500명의 한국인과 일본인이 있으며, 큰 도시가 보통 가지고 있는 어려움을 가지고 있는데 매일 일본으로 떠나거나 일본에서 도착하는 사람들, 그리고 떠나려고 하지만 실패하여 친구도 돈도 없이 거리를 헤매는 수천 명의 청년들을 돌보아야 하였다.

술 문제도 역시 큰 문제인데 교회는 때로 절제운동을 하는 것 이외에 이 문제에 개입하기 주저하고 있었다.

1914년 미국장로교선교부는 이 지역을 베냐민 부족과 같은 호주장로교선교부에 관대하게 이양하였다. 당시의 통계에 보면 교회가 101개였고, 세례교인이 1,881명, 그리고 일반 교인은 3,816명이었다.

이 수는 1936년의 통계에 비교하면 베냐민 부족에게 약속하신 대로 하나님의 역사하심에 깊이 감사를 드릴 수밖에 없다. 1936년에는 313개의 교회와 7,941명의 세례교인, 그리고 26,955명의 일반 교인이 있었다. 베냐민은 호전성이 강한 종족으로 게릴라 같은 공격을 좋아하는 것처럼, 40여 명의 호주선교부 선교사들은 5개의 선교부에 나누어져 사역하고 있다. 맥라렌 부부는 서울에, 엥겔 부부는 평양에, 그리고 커닝함 목사는 선교부를 대표하여 연합회에서 일하고 있다. 경상남도의 5개 호주선교부는 학교 교육이나 병원 사역 등을 진행하고 있는데, 다음의 페이지에 모두 언급되지는 않았다.

부산진 근처에 있는 하퍼여자고등학교는 교회와 학교를 위하여 기독교 지도자를 양성하고 있다. 여성들을 위한 직업농업학교는 도덕적으로 어려움을 겪거나 궁핍한 환경에 있는 소녀들을 지원하고 있고, 진주의 배돈병원은 병자들, 특히 가난한 병자들을 위하여 치료하고 있으며, 그들을 기쁨으로 돌려보내고 있다. 남녀성경학교는 현재 농부들의 지원에 의하여 지도되고 있다.

베냐민은 비교적 작은 교회를 대표하는 작은 부족이다. 그들은 저지대에서 왔고, 산에서도 왔고, 남쪽에서도 왔는데 감사의 헌신을 주님의 집에 드리고 있다.

수복이를 위한 성탄절 선물*

명덕유치원에서 학습이 진행되고 있었다. 김 선생은 '자기 부정'에 관한 주제를 가르치고 있었다.

"이것이 무엇일까요?"

그녀는 더럽고 수축된 고무 조각을 들어 보였다.

"풍선이요."

열성적인 대답이 있었다.

"여러분은 이것으로 무엇을 할 수 있을까요?"

"입으로 불어요."

"만약 너무 세게 불면 어떻게 되지요?"

"터져버립니다!"

"그러면 무엇에 쓸 수 있지요?"

"쓸 수 없습니다.

어린이들이 대답하였고, 학습은 지금까지 잘 진행되고 있었다. 김 선생은 다시 말하였다.

---

* 「코리아 미션 필드」, 1928년 5월 1일, 8-9.

"그럼에도 여러분은 엄마가 준 돈을 쓸데없는 곳에 쓰고 있습니다. 여러분이 그 동전을 교회로 가지고 와 모아 두었다가 나중에 옷이 없는 가난한 어린이들을 도울 수 있어요."

아이들은 즉각 대답하지 못하고 생각하였다. 유치원에서는 일 년 동안 매일 빨간색의 모금함이 돌려졌고, 사탕가게의 유혹을 지나쳐 가지고 온 동전 한 닢을 모금함에 넣을 때 박수를 치고는 하였던 것이다. 평화와 친선의 성탄이 다시 다가왔을 때, 명덕유치원은 이 마을의 춥고 배고픈 많은 어린이들 중에 도움을 주어야 하는 위치에 있었다.

이때에 우리 중에 수복이가 나타났다. 성경부인 가운데 고 씨는 여섯 개 마을을 다니는데, 마을마다 일주일에 한 번씩 학습을 인도하고 있었고 그곳에서 수백 명의 젊은 한국 청년들을 만나고 있었다. 그럼에도 그녀는 개별적인 어린이들을 가슴에 따뜻하게 품을 수 있는 넓은 가슴이 있었다. 고 부인의 눈에 엄마가 없는 한 아이가 들어 왔는데 그 아이가 그녀의 눈에서 눈물이 나게 하였다. 그는 아홉 살 남아로 얇은 옷을 입은 장애가 있는 아이였는데, 다섯 살쯤 되어 보일 정도로 왜소해보였다. 그 아이는 그의 존재를 싫어하는 삼촌과 고모와 함께 살았는데, 그들은 그 아이가 매주 학습이 열리는 모임 마당에 나가는 것을 극도로 반대하였다. 그러나 추운 가을의 바람도, 또 집에서의 박해도 수복이가 학습에 나오는 것을 아무도 막을 수 없었는데, 아마 그가 처음 경험하는 인간의 따뜻함이 있었기 때문일 것이다.

유치원에서 새 옷을 그에게 선물하기로 하였는데 수복이를 소개해준 고 부인에게 감사한다. 고 부인 자신이 바느질을 하였고, 수복이가 성장할 것을 염두에 두고 크고 좋은 옷을 만든 것이다.

그러나 이 성탄선물을 주기 위하여 수복이를 데리고 오는 것은 쉽지 않았다. 결국 그의 할머니를 설득하여 수복이와 함께 오게 하였다. 이 소식을 들은 이 작은 마을에는 호기심이 넘쳤고, "작은 꼽추 아이가 교회로부터 옷을 선물받는다"라는 이야기가 나돌았다.

수복이의 할머니는 자신이 왔다는 것을 어떻게 알릴지 몰랐고, 성탄 행사로 인하여 모인 많은 사람을 뚫고 앞으로 나오지 못하였다. 고 부인은 당시 다른 마을의 행사 준비 지도차 떠나 있었고, 성탄행사 발표자들은 자신들의 공연 속에 열기 있고 흥분되는 분위기에 빠져 있었다. 한 선교사가 찬송가를 들고 조금 늦게 교회에 도착하였는데 교회당 안에는 많은 사람들로 차 있었다. 그리고 밖에는 춥고 지치고 갈망하는 한 작은 얼굴이 그 선교사를 유심히 쳐다보고 있었다. 여 선교사는 거의 잊어버렸던 성탄절 창문 밖 눈 위에서 찬송을 부르는 어린이 이야기가 생각이 났다. 예수 자신도 추위에 떨고 기다리지 않았던가. 그러나 그녀가 다시 보았을 때 그 작은 아이는 이미 사라지고 없었다.

산타클로스는 행사 중에 왔다 갔다 하며 선물을 나누어 주었고, 행사는 이제 끝나가고 있었다. 늦게 온 다른 부인이 수복이와 할머니를 그들이 집으로 돌아가는 길 위에 만났는데, 그들이 선물을 못 받았다고 이야기하였다. 유치원 선생들은 그 말에 깜짝 놀랐고, 고

부인도 돌아와 그 이야기를 듣고 크게 실망하며 슬퍼하였다. 수복이가 다시 돌아오기를 기다리자는 자비로운 이웃이 있었지만, 추운 바람 속에 이십 리 길을 걸어온 그녀는 즉시 다시 길을 떠나려 하였다. 그러나 유치원의 다른 어린이를 위한 일로 고 부인은 자리를 지켜야만 하였기에, 그녀는 할 수 없이 엘리스 선교사에게 그 일을 대신하는 것을 허락하였다. 그녀와 함께 다른 성경부인이 춥고 피곤하지만 눈보라 속을 지나 수복이 집에 그 옷을 가지고 갔다. 그러나 수복이와 할머니는 아직 집에 도착하지 않고 있었다. 그 집의 친척들은 이들이 그 추위 속에 옷을 가지고 왔다는 사실에 감사하는 듯하였다.

돌아오는 길에 엘리스 선교사와 성경부인은 수복이와 할머니를 찾을 수 있을까 해서 둘러보았는데, 마침 수복이와 할머니를 다른 마을에서 찾았다. 아마 눈보라를 피하기 위하여 안전한 곳을 찾은 것 같았고, 땅거미가 질 무렵 집으로 돌아가려고 한 듯하였다. 엘리스 선교사는 그제야 안심을 하였고, 기쁨으로 마을로 다시 돌아갔다.

다음 날, 수복이는 주일학교에 나타났는데 더 작고 마른 모습으로 선물 받은 두꺼운 새 옷을 입고 왔다. 그 아이는 주위를 뛰며 좋아하는 모습이었고, 고 부인도 기뻐서 왔다 갔다 분주하였다. 다만 유치원의 아이들에게 그들의 연례행사인 '풍선과 사탕' 수혜자가 아직 소개되지 않았는데, 나중에 될 것이다. 어떻게 될지 누가 알까?

아버지: 감사의 글[*]

내가 '아버지'를 처음 보았을 때를 거슬러 생각해보면 아마도 1914년 한국에서의 첫 주일이었을 것이다. 나는 그날 아침 그의 아름답고 매력 있는 딸을 본 기억이 생생한데, 그녀의 아버지도 그날 그곳에 있었을 것이 확실하다.

한국의 아버지들은 그들의 딸 친구들이 집을 방문하였을 때 같이 있기 적당치 않은 것 같다. 그 딸의 집을 처음 방문한 후 나는 그녀의 아버지와 거의 말을 하지 않았던 것 같다. 그는 깨끗한 하얀 혹은 회색 옷을 입고 내 친구의 생활 주변에서 항상 떠돌았던 것으로 나는 기억한다. 주일이면 그는 그 시끄러운 회중 속에서도 회색의 머리를 숙이고 조용한 묵상 중에 빠져 앉아 있었다.

조용한 모습의 그를 보면 그가 폭풍과 스트레스 이야기 속의 주인공이었다는 사실을 믿기 어려운데, 그의 분노로 그의 집은 망가졌으며, 먼저 믿은 그의 아이를 그가 어떻게 괴롭혔는지 말이다. 그러나 그날 거의 42년 전, 그의 인생의 전환점이 왔는데 그가 예수

---

* 「코리아 미션 필드」, 1939년 10월, 207-208.

그리스도의 종이 되기로 항복한 것이다.

그 이후로 그 아버지는 세상일을 하는데 거의 앞장서지 않았다. 그의 작은 세 딸은 차례로 아버지를 따랐고, 그의 귀한 아들은 사업 매니저였고, 그녀들은 그 집안의 재산을 증식하는 데 탁월한 능력이 있었다. 1924년에는 크고 격동적이고 사랑스러운 가족이 6명으로 줄었고, 그 아이들은 다 자라 활동적인 기독교인들이 되었다.

그해 나는 그의 세 번째 딸과 함께 호주를 방문하였다. 당시 그녀의 아버지에 관한 기억이 생생한데 그는 그의 딸 여행 의상의 길이와 색깔에 대하여 실망한 모습이었으나, 우리가 떠나기 위하여 배에 올라탈 때 그는 삶은 커다란 닭을 우리 손에 들려주었다. 아버지의 이별선물이었던 것이다. 이 닭고기 선물은 그 후로도 계속되었는데, 특별한 때에 인삼을 넣은 닭고기를 제공하는 것이 아버지의 습관이었다.

우리가 호주에서 돌아왔을 때 어머니와 한 명의 딸이 우리 집을 방문하였고, 아버지는 눈이 잘 안 보여 아들과 함께 살고 있었는데, 아들은 성공한 사업가로 이웃교회의 장로가 곧 될 것이었다.

그는 후에 새롭고 바쁜 환경 속에서 자기 자리를 못 찾고 외로워하기도 하였고, 매주 그의 아내의 무덤을 신실하게 방문하는 것을 낙으로 삼았다. 그는 눈이 나빠 더 이상 읽을 수 없었고, 손자손녀들이 그의 가장 큰 관심사가 되었다. 그의 하나뿐인 '진짜' 손자가 다 커서 그를 떠났을 때, 그는 딸들의 아이들을 사랑으로 돌보았고, 그리고 그는 그 일을 정말 잘하였다. 그는 청년과 약자들을 존경하였고, 어린이들을 아이 취급하지 않고, 그들에게 동등한 언어로 이야기하였다고 한다.

병자들을 위한 그의 근심을 잊어버릴 수 없는데, 새벽부터 그는 그들의 집을 성가실 만큼 방문하여 함께 하였고, 한여름의 더위도 마다하지 않았다. 전철을 타고 다닐 수도 있었겠지만 가난한 사람들에게 무엇인가 자신의 것을 주고는 하였다.

아버지의 친구들은 그가 점점 많아지는 도시의 자동차 속을 걸어 다니는 기술에 항상 놀랐다. 그는 항구에서 그의 친구들을 만나는 것을 좋아하였다. 배가 도착하면 수심에 찬 것 같은 얼굴과 회색의 머리를 한 한 남자가 사람 많은 방파제 근처에 위험스럽게 서 있는 것을 볼 수 있었는데, 그와 만나 악수하고 인사하는 것으로 도착한 것을 알릴 수 있었다. 책임 있는 가족은 그를 안내하여 그가 항구에서 다치지 않도록 하였고, 그들의 친구가 떠날 때 꼭 환송까지 하였다.

그 아버지는 '현재 시간의 고생'으로부터 다행히 구제받을 수 있었다. 그는 그의 딸들이 다 장성하는 것과 막내딸이 결혼하는 것까지 보았고, 사진 속에는 딸들과 아들, 그리고 사위들과 손주들에 둘러싸여 보기 좋은 모습이었다. 그 후 그는 6개월도 안 되는 짧은 병환 속에 있다가 사망하였다.

"화요일이 언제 오지?" 그는 계속하여 물었다. 그리고 화요일 이른 아침에 그는 소천하였는데, 마지막까지 자신의 좋아하는 찬송가 "예수 홀로 십자가를 지셨네"를 청하였다.

그 아버지의 몸은 현재 우리에게서 떠났지만, 그의 부드러운 목소리는 열정의 폭풍으로 우리의 귓가에서 떠나지 않는다. 그는 "아이야. 아이야. 조금만 참아라"라며 중얼거리고 있다. 아버지의 친구들에게는 그에 대한 기억이 하나의 살아있는 희망이 되었다. 그들도 이 세상을 떠나게 될 때 "침묵의 바다를 소리 없이 노를 저어 건너가면", 그 아버지는 마르고 은회색의 모습으로 또한 내면에서 뿜어져 나오는 빛으로 그의 주님과 함께 친구들을 기다리다 악수하며 환영할 것이다.

안식이

한 일 년 전쯤에 나는 교회 성경부인 살로메와 함께 10리 정도 떨어져 있는 갓 태어난 어린 아기를 방문하였다. 그 가정 아버지는 막 교회에 다니기 시작하였지만 어머니는 불신자였다. 그 이유로 살로메는 나에게 갓 아기가 출생한 가정에 보통 선물로 주는 비누를 아직 꺼내지 말라고 하였다.

그들은 아기가 일요일 출생하였다고 하면서 이름을 어떻게 지을지 물었다.

"안식이가 어떻습니까?"

그 가정의 아들들 이름을 아는 나는 그렇게 제안하였다. '안식'은 쉬는 날의 뜻인데 영어권에서는 보통 있는 이름이었다.

"참 좋은 것 같아요."

살로메가 대답하였다.

"형들의 이름이 명식이와 성식이이니까 부인이 제안한 안식이가 잘 어울리는 것 같아요."

우연의 일치였지만 이것으로 그 이름은 충분히 좋다고 아내도 생각하였던 것 같다.

그 후 나는 안식이에 대하여 더 듣지 못하다가 그 지역의 주일학교 처소에 한 아이를 위하여 초청을 받아 갔다가 그 아이 소식을 들을 수 있었다. 그 아이가 안식이의 형이었던 것이다. 그곳에서 나는 안식이를 다시 볼 수 있었는데, 그 아이의 모습을 거의 묘사할 수 없을 정도였다. 혹시 인디안 여자아기 사진을 본 적이 있다면 그 작고 야윈 몸에 많은 상처가 나 있는 모습이었다. 어쩌다 이런 모습이 되었을까.

"오 걱정 마세요. 이 아이는 아마 곧 죽을 것입니다"라고 아이의 할머니가 말하였다. 뿐만 아니라 그 아이의 오빠도 치료가 필요해 보이는 몸 상태였다. 그의 아버지는 아이들을 곧 일본인 의사에게 데리고 가겠다고 약속하였다.

다음 날 아버지는 아들을 데리고 다시 교회에 왔지만 안식이는 없었는데, 어머니가 데리고 가는 것을 거절하였다고 한다. 네피어 선교사가 있었다면 간호사이니 돌보아주겠지만 참 안타까운 상황이었다. 나는 김 선생과 함께 그 집을 다시 방문하였고, 안식이를 씻기고 약을 바르고 싸매어 주었다. 그리고 약간의 우유를 주었더니 그 아이는 잠시 미소를 띠는 모습이었는데, 마치 늙은 아저씨의 웃는 모습 같았다.

우리는 그 어머니에게 어떻게 약을 사용해야 할지 알려주고 나왔는데, 아마 나을 수 있을 것이라고 생각하였다. 그러나 우리의 생각이 틀렸다. 이틀 후에 그의 사촌에게 안식이의 소식을 물어보았더니 다음과 같이 아무렇지도 않게 대답하였다.

"어젯밤에 죽었어요."

안식이의 상처는 비누와 붕소 연고로는 소용이 없었던 것이다.

위로[*]

사택에 문제가 생겼다. 교회에서 오르간을 치고, 코넷을 불고, 그의 삶보다 공부를 더 사랑한 19살의 평기가 이 고생 많은 세상을 떠난 것이다. 8월의 어느 날, 그 아이는 그의 상심한 부모에게 중얼거렸다.

"선생님이 휴가에서 돌아올까요? 성가대의 노랫소리가 들립니다."

그리고 그는 그 보이지 않는 하늘나라의 성가대로 떠나갔다. 여신도들은 그 길고 더운 날 내내 요리도 하고 바느질도 하였다. 밤늦게까지 이 사택 마당에서 번잡하였다. 예수의 승리로 죽음은 정복당하였지만, 그의 존재는 무시되는 모습이었다.

우리 외국인이 위로의 말을 전하려 사택을 방문하였을 때 목사님의 떨리는 말이 먼저 나왔다.

"이 더운데 오셔서 감사합니다. 선교 기관이 선교재정을 이렇게 낭비하여 죄송합니다!"

---

* 「코리아 미션 필드」, 1937년 1월, 5-6.

그러나 그의 아내는 따로 앉아 모든 위로를 거절하였다.

"나는 부끄럽습니다. 나는 부끄럽습니다. 내 아들을 이렇게 잃다니요!"

장례식이 모두 끝이 났는데도 목사님의 아내에게는 여전히 변화가 없었다. 봉사자들이 기대할 수 있는 감사의 말도 그녀는 하지 않았고, 그녀는 점점 더 침묵 속에 자기 자신 속으로 들어갔다. 변화를 위하여 그녀가 좀 떠나보면 좋을 텐데! 그러나 그녀가 갈 곳이 있을까. 집사 한 명이 자신의 집에서 가방까지 가지고 와 목사님과 아내 앞에서 열어주었다. 그러나 목사님 아내는 움직이는 것을 거절하였다.

그 후 교회당에서 그녀의 자리는 매주 비었고, 교회 여성들의 동정이 점차로 식어 갔다.

"마더 메리, 가서 그녀와 이야기 좀 해 보세요."

"아니요. 나는 많이 노력했어요. 그리고 그녀가 방문자를 거절합니다."

많은 한국인이 그녀와 이야기 하는 것을 실패하였는데 외국인의 말이라고 들을까. 목사님의 아내는 방문자가 오면 자신의 죽은 아들이 얼마나 사랑스러웠고, 얼마나 책임의식이 강하였고, 또 얼마나 영리하였는지 이야기를 나누면 좋겠지만 그녀는 일체 집밖으로 나오지 않았다. 그녀는 수치스러워하였고, 사람들의 시선만 생각하였으므로 교회 안에 비난의 목소리가 퍼지고 있었다.

그러다 사건이 일어났다. 어느 저녁시간에 누가 우리 선교사의 집 문을 두드리며 급히 부르는 소리가 났다. 문을 열어보니 그 목사님의 아내가 서 있었다. 그녀는 집 안에 들어와 자리에 앉더니 보통하던 대로 불쑥 물었다.

"선교사님은 천국을 본 적이 있습니까?"

선교사는 천국을 본 적은 없다고 대답하였다. 천상의 목소리는 들었지만 천국을 보지는 못하였다고 하였다. 그러자 그녀는 말하였다.

"그러나 나는 보았습니다. 어젯밤에 누워있었습니다. 더 이상 견디기 어려워하고 있었는데, 그때 천국을 보았습니다. 당신과 안 선교사님 그리고 내가 먼 길 위에 서 있었습니다. 안 선교사님이 앞에 먼저 걸어가고 당신과 내가 그 뒤를 따랐습니다. 마침내 우리는 큰 동굴에 도착하였고 그곳에 다리가 있었습니다. 많은 사람이 동굴로 들어가는 것이 보였고, 안 선교사는 당신과 나를 다리로 인도하였습니다. 거기 우리 앞에 높은 벽이 있었고, 그 벽은 꽃으로 만들어졌으며, 그 틈새로 빛이 뿜어져 나왔습니다.

문은 닫혀져 있었는데 문 앞에 플랫폼이 있었고, 그곳에 남자와 소년들이 앉아 그들의 책을 공부하고 있었습니다. 그 속에 나의 아들 평기도 있었습니다. 그 아이는 책을 너무 열심히 보고 있어 나를 돌아보지 않았습니다. 그러나 나는 그의 뒷모습을 압니다. 그때 안 선교사는 우리를 다시 다리를 건너도록 안내하였습니다. 선교사님 생각에 그 문이 나중에 다시 열릴까요? 목사님은 열 수 있습니다!"

그 다음 주 주일부터 목사님의 아내는 다시 교회에 나왔다. 얼마

후에 그 아내를 비난하던 교인 중 한 명의 하나밖에 없는 딸이 죽게 되었다. 그리고 그 교인을 오랫동안 위로한 사람은 다른 이가 아닌 바로 그 목사의 아내였다.

유치원의 한국인 교사를 만나다![*]

이 모임은 아직 완전체가 아니다. 클라크 선교사는 떠나 있고, 진주의 유치원 교사들도 참석을 못하였다. 두 명의 선임 교사들도 우리와 함께하지 못하였다.

그러나 참석한 교사들을 한 명씩 소개하기 원한다. 그러나 그것도 어려운 일인 것은 교사가 많기 때문이다. 그중에 여섯 명은 우리 선교부의 학교에서 교육을 받았다. 교사 훈련으로 말하자면 거의 모든 한국의 훈련학교와 일본의 한 학교, 우리에게 레게트 선교사를 보내 준 멜버른의 훈련학교, 그리고 양한나를 일 년 동안 훈련시킨 멜버른의 교회들이 특별한 공헌을 하였다는 것을 부인할 수 없다. 양한나가 아직도 기억하는 것은 북멜버른에 있을 때 한 백인 아이가 위 아래로 쳐다보며 이렇게 질문하였다는 것이다. "당신은 시장에서 오셨나요? 당신이 나의 선생님인가요?"

이 교사 모임에 외국인인 맥피 선교사, 스콧 선교사, 그리고 내가 있는데, 우리는 유치원 교사로 전문 훈련을 받지는 않았지만 유

치원의 원장 책임을 맡고 있다. 우리는 어린아이 훈련에 대하여 소견을 가지고 있었고, 때로는 그것이 교사들에 의하여 승인되고 실천되었다.

여러분은 어떤 이유로 내가 한국인 유치원 교사를 소개하는지 질문할 것이다. 1934년 호주선교부 모임에서 유치원위원회에 세 명의 한국인을 포함시키는 것을 승인하였다. 그리고 이 새로운 유치원위원회가 첫 번째로 결정한 것이 있다. 북쪽에서 열리는 유치원 여름학교에 각 다섯 개의 선교부 유치원 교사를 파송하기보다 전체에서 한 명만 대표로 보내고, 모든 교사를 위하여 우리 자신의 수련회를 조직하기로 한 것이다. 그래서 모든 교사들이 참여하여 영감과 도움을 받고, 선교사들도 여름휴가에서 경험한 내용을 나눌 수 있기 때문이다. 그리고 각 선교부 유치원의 교사들도 할당된 책을 읽고 토론을 준비할 수 있도록 한 것이다.

스콧 선교사가 타악기 연주에 관한 강의를 하도록 하였고, 맥피 선교사는 회충이나 자연의 비슷한 벌레들을 예방하는 내용을 강의하였다. 그리고 각 선교부 유치원에서 시행하여 성공한 프로그램들이 있으면 서로 나누는 기회로 삼기로 한 것이다.

그리고 수련회 장소는 한산도보다 더 좋은 곳이 없다. 통영에서 40분정도 배로 닿을 수 있고, 이순신 장군의 누각이 있고, 삼면에 해안 모래사장이 있고, 그리고 역사적으로 유서가 깊은 지역이다! 그곳까지 가는 뱃길이 쉽지는 않지만 우리에게는 '희성'호가 있고, 우리가 잊어버린 물건이 있으면 다시 뭍에서 가져올 수 있었다. 수련회 시기는 매 여름휴가 끝에 삼 일 동안 진행하기로 정하였다.

우리의 배 '희성'은 현재 정부 등록이 보류되어 있고, 다행히도 예전의 배 '데이 스프링'(Day Spring)이 있다. 지금은 팔렸지만 말이다. 그 배에 통영의 가족들은 물론 침구, 솥, 그릇, 책상, 김치 단지, 채소, 수박 그리고 산 닭 등을 싣고 섬으로 갔다. 다른 물건들을 또 싣고 오기 위하여 다시 육지로 가는 길에 배에서 물이 새어 들어왔고, 통영항까지의 항해는 거칠고 매우 더웠다. 배에 탄 사람들은 매우 피곤하고 힘들어하였다.

통영항구에서 그들은 일본인에게 부탁하여 물건들을 한산도까지 실어주는 것으로 협상을 하였고, 그들이 물건과 함께 다시 한산도로 왔다. "다시 이런 일은 못하겠다"고 그들은 갈까마귀 같은 목소리를 내었다. 그러나 그들이 가지고 온 재료로 만든 음식을 먹을 때와, 밤의 휴식은 그들을 놀랍게 하였다!

우리 수련회는 사실 쉬운 시간은 아니었다. 6시 30분에 일어나 원하는 사람들은 수영을 하였고, 아침식사 준비와 식사 그리고 정리를 하고, 그 후 예배를 드렸고, 예배 후에는 두 번의 학습시간이었다. 점심식사 후에 잠시 휴식을 취하고, 그리고 또 공부를 하였다. 저녁식사 후에는 예배가 있었고, 그리고 토론시간으로 이어졌다. 토론을 위한 교재는 많은 생각을 유발하였는데, 일본어로 된 닐의 '문제아', '문제 부모' 그리고 '한 엄마의 대답' 외에도 한두 서적이 더 있었다.

흥미로웠던 시간 중에 하나는 지난봄에 다른 지역의 한국과 일본유치원을 방문하였던 두 명의 선임 교사들의 보고였다. 기대와는 달리 그들은 우리 유치원 사역의 수준에 만족을 하였다고 하였고, 좀 더 규모가 큰 유치원을 돌아보고는 유치원의 성공은 규모의 크기와 상관이 없다고 언급하였다.

삼 일 동안의 수련회는 참 더웠지만 매우 유익하였다. 우리 모두가 한자리에 모인다는 의미보다 더 가치가 있었다. 이 수련회를 통하여 선교부의 모든 교육기관이 좀 더 서로 협력하는 계기로 삼고 싶다. 그리고 이것은 물론 우리의 어린아이들이 그렇게 하도록 인도하고 있는 것이다.

크로니클 독자에게[*]

행복한 호주에서의 휴가가 끝나고 있다.

이제 멜버른을 떠나 한국으로 다시 가야 하는데 인사 말씀의 청탁을 받았다. 첫 번째로 언급하고 싶은 것은 나의 행복은 이곳 친구들의 친절함에서부터 왔다는 것이다. 그들이 양한나와 내가 편히 머물 수 있는 숙소를 제공해 주었다. 그리고 두 번째는 우리가 가는 곳마다 따뜻한 사랑으로 환대해준 많은 교회들이 있었기 때문이다.

우리 선교사들은 지금도 우리의 아시아 형제자매들을 위하여 얼마나 수고를 하고 있는가. 김호열 학생이 젊은 교인으로 멜버른 대학교에 와 짧고 용기 있는 시간을 보낸 것을 우리는 안다. 그의 비극적인 죽음에도 그의 호주 방문이 낭비였다고 말할 수 있는 사람은 우리 중에 아무도 없다.

양한나의 방문도 한국 여성을 처음 만난 우리 호주인 중에 흥미로운 사건이었지만, 그녀의 좋은 매너와 유머감각과 그리고 인생에 대한 지적인 사고에 우리는 다 놀랐다.

---

* 「크로니클」, 1927년 9월 1일, 5.

"이 사람들을 전도하는 것은 가치가 있는가?"

이 두 젊은이를 만나 그들의 비전과 운명을 듣고 본 사람은 아무도 이 질문을 다시 하지는 않을 것이다.

또 한편 양한나는 한국으로 돌아갈 때, 매우 열정적이고 사랑으로 한국 사람들에게 복음을 전하려고 열심히 선교하는 이곳 교회들에 매우 깊은 감사를 하고 있다. 그녀는 우리 선교회가 재정적으로 어렵다는 사실도 알았고, 그 재정 충당을 위하여 회원들의 기도와 헌금이 얼마나 귀한 것인지도 느꼈다.

보는 것이 믿는 것이다. 나는 더 많은 호주인들이 한국을 방문하기 원하고, 또한 한국인들도 호주 빅토리아를 방문하기 원한다. 그 과정에서 아마 양쪽 다 실패도 경험할 것이지만, 결국에는 양쪽 모두에게 좋은 친교의 경험이 될 것이다.

우연히도 한국의 미국선교부 학교들은 좀 더 우월적인 교사들과 운영위원회를 확보하고 있는데, 그 이유는 그들의 많은 한국학생이 미국에 유학을 가서 공부를 완성할 수 있었기 때문이다.

나와 양한나에게 친절하게 대하였던 사람들 마음에는 이미 한국이라는 나라가 그들의 마음속에 있었기 때문이라고 믿는다. 만약 양한나를 만나서 그들의 사랑이 더욱 뜨거워지고 개인적인 것이 되었다면, 이 실험은 공허한 것이 아님이 입증이 되었고 그보다 더 좋은 일은 없을 것이다. 반면에 교회 안에 아직 무관심이 깊은 것도 사실인데, 이것은 그들이 한국에서 온 방문자를 아직 만날 기회가 없어서일 것이다.

이번에 친교를 경험한 당신이 교회의 무관심한 사람들에게 한국선교가 얼마나 가치가 있는지 알려주시겠습니까? 그리고 한국선교를 위하여 다가오는 하나님 나라를 위하여 기도하고 또 기도해 주시겠습니까?

사랑 안에서….

통영 선교부 보고서 1936~1937*

통영 선교부 25주년, 그리고 호주 고향 교회는 백주년을 기념하는 올해, 바울은 "항상 기뻐하라"고 말하고 있다. 그리고 여기까지 오게 된 과정과 어떻게 발전하였는가를 돌아보는 작업은 참 흥미롭다. 기독교인이 아니었던 두 명의 남성이 왓슨 선교사가 이곳에 온 후로 목사 안수를 받고 올해 임직을 하였는데, 어떻게 기뻐하지 않을 수 있겠는가?

당시는 제대로 된 조직교회가 이곳에 없었는데, 지금은 세 개의 교회가 자체 목사가 있고, 안수 받은 목사가 더 있었다면 두 개의 확실한 조직교회가 더 생겼을 것이다. 본 통영 선교부의 역사상 현재 더 많은 교회가 목사와 지방선교사의 목회 하에 있다.

재정이 약한 교회를 위한 노회 보조금 200엔은 지방선교사들의 봉급 수준을 높이는 데 큰 도움이 되었다. 대부분의 교회가 최저생계비의 봉급도 주지 못하는 것이 안타까운데, 교인이 늘어나고 교회가 안정되면 정당한 봉급을 주는 것에 자부심을 가질 것이다.

---

* 「미셔너리 크로니클」, 1937년 12월 1일, 22-23.

올해는 처참했던 태풍으로 인하여 농부들의 수입이 훨씬 줄었음에도 불구하고, 헌금은 오히려 증가하였다. 작년에는 연 합계 9,024엔이었는데, 올해는 14,982엔이다. 우리의 통계에 의하면 교회 모든 부서의 교인이 증가하였고, 신앙을 고백하여 세례 받은 교인은 작년의 108명에 비하여 올해는 160명이다. 성찬을 받는 교인은 현재 1,013명인데, 176명이 증가하였고, 전체 1,936명을 넘고 있다. 다른 부분을 보면 세례 문답자는 421명에서 494명으로 증가하였고, 주일학교 학생은 전체 3,204명으로 841명이 늘었다.

교회당 건물은 과거 매우 간단한 구조물이었지만, 지금은 거제도에만 시멘트 혹은 돌로 건축된 교회당이 5개 있다. 그리고 승인된 6번째 교회당도 몇 달 안에 지어질 것이다. 교회당 건축을 위하여 많은 교인들이 희생적으로 헌금하고 있는데 심지어는 그들의 생계 수준 이상으로 드리기도 한다. 통영 선교부가 시작된 이후로 선교부는 지역선교사들의 봉급을 지급하고 있다.

그러나 변화되는 상황을 기록하기 원하는 것은, 얼마 전 트루딩거 선교사가 노회위원회의 의무 활동으로 한 작은 교회를 방문하여 감사를 하였는데 그 교회에 몇 백 엔의 재정이 남아 있었다. 그 이유는 그 교회의 지도자가 정기적으로 십일조를 드리고 있었기 때문이다. 교회는 그 재정으로 전도사를 임명하여 인근 마을에 전도를 하기 원하였으며, 현재 그렇게 실행되고 있다.

통영의 교인들은 그들의 첫 선교사들을 잊지 못하고 있었는데, 남호주에서 온 방문자 레드만 부인과 월렌 양, 그리고 3월 휴가에서 돌아 온 알렉산더 선교사를 환영할 때였다. 알렉산더는 왓슨 선교사와 무어 선교사의 안부를 가지고 왔는데, 환영예배 후에 관심 있는 교인들이 그들의 안부에 대해 열성적으로 자세히 물어보는 모습이 그 증거이다.

통영 선교부에서 가장 나이가 어린 조이스와 린들은 보기가 어려웠는데, 그러나 그들은 성장하고 있음은 기쁜 일이고, 그들이 집에 있을 때 그 시간을 온전하게 사용하였다. 대관식 기간에는 우리가 함께 모였지만 별 활동을 할 수 없었고, 이것이 고향에 어떤 영향이 있을지 궁금해 하였다. 다만 요리사를 통하여 축제를 즐길 수 있었다. 올해 우리 모두가 건강할 수 있었던 것에 특별한 감사를 표하기 원한다.

통영 선교부가 개원되고 곧 테일러 선교사는 진료소를 시작하였는데, 이것은 참 가치 있는 활동이었고, 특별히 나이 든 교인들에게 더 그러하였다. 테일러 박사는 학교 여학생들의 건강을 돌보며 여전히 우리 선교부에 관심을 가지고 있다. 우리 선교부는 필요한 사람들에게 도움을 베풀어주는 배돈병원의 직원들이 빚을 진 것 같은 느낌이다.

좀 더 심각한 환자는 진주의 배돈병원으로 보내거나 이 지역 병원의 의사가 돌보는데, 트루딩거 부인의 진료소는 매 주 50명에서 60명 정도로 간단한 병만을 진료해주고 있다. 또한 학교의 여학생들과 그 외의 여성과 어린이들을 돌보는 것도 우리 선교부의 생활과 사역의 큰 부분이다.

자신이나 자신의 아이가 진료를 받으러 왔다가 우리의 간호보조사 박도학의 복음 전도로 주일에 교회에 나오는 사람을 보면 참 즐거운 일이다. 영양결핍이 있는 우리 학교의 여학생이나 어린이들에게 콩 우유와 염소우유를 계속 공급하고 있으며, 올해는 4천 번 넘게 급식이 되고 있다.

트루딩거 부인의 어린이 보건교실은 지방의 14개 센터에서 훌륭히 운영되고 있는데, 어머니들은 이틀에서 나흘 정도 모여 이성효 간호사로부터 보건 위생에 관하여 배운다. 또한 콩가루를 준비하는 방법도 몇 개의 마을에서 가르쳤다. 필요한 어머니들은 이제 정기적으로 와 콩을 함께 가는데, 이곳은 왓슨 부인이 처음으로 여학생과 부인들에게 많은 것을 가르치던 곳이고, 무엇보다도 예수의 이름과 그의 구원을 소개한 곳이다.

트루딩거 선교사가 자신의 집에서 수년 돌보아 온 남학생 모임도 후에는 이 집의 방 2개에서 모이기를 희망한다. 매주 모이는 성경공부 반은 올해 동안 수가 늘었다. 성경공부 후에는 영어반도 있고, 다른 학생들은 게임을 즐긴다. 남학생들은 이 모임을 귀하게 여기고 있으며, 씨가 뿌려졌으니 열매가 맺히리라 기대한다. 더 넓은 공간이 있으면 이 사역도 확대될 수 있을 것이다.

이 지역의 한센병 마을도 방문하는데, 물질적인 도움과 함께 영적인 도움도 필요한 사람들에게 제공하고 있다. 이들은 종이 가공을 위한 재활 쓰레기를 주워 팔아 생계를 이어가는데, 성탄절 예배에서는 2엔이나 감사 헌금을 하였다.

올해 내내 진행된 사역은 교육이었다. 나흘 동안의 성경공부반
이 그 어느 때보다도 많이 진행되었고, 전부 41번 진행되었다. 성경
공부는 소외된 지역과 약한 교회들에서 진행되었고, 좋은 결과를
가지고 왔다.

우리의 아름다운 새 학교가 건축되었고 4월 18일 개교되었다.
이것으로 인하여 우리의 후원자들에게 깊이 감사하며, 우리의 사역
을 위하여 계속 기도하는 하나님의 자녀들로 인하여 감사드린다.
예전의 학교 건물은 20년이 되었으며 주로 유치원을 위하여 사용되
었는데, 수리가 필요하였고 본관 방을 개조해야 하는 상황이었다.
새 현관은 어머니회가 제공하였다.

유치원의 마당에 심은 나무가 그늘을 제공할 것을 기대하였지
만 태풍으로 인하여 쓰러졌고, 그러나 학기가 시작되자 176명의 어
린이들이 햇볕과 상쾌한 공기를 즐기고 있다. 정원의 등나무는 시
멘트 기둥으로 받쳐져 울타리를 넘어 모래밭에 그늘을 만들었고,
시멘트 길과 돌 축대, 그리고 새 울타리는 유치원 전체를 안전하게
하였다.

후에 야학으로 사용된 예전의 시약소는 새 학교 부지를 위하여
제거되어야 하였지만, 건물의 자제들은 16명의 학생과 두 명의 교
사를 위한 한국스타일 새 기숙사 건축을 위하여 사용되었다. 그리
고 다른 많은 학생들도 그 가족에 합류하였다.

이 학교는 낮에는 96명의 학생, 밤에는 87명의 학생이 사용을
하였고, 때로 새벽기도를 위하여도 사용되었다. 열정적인 여학생

들의 목소리로 학교는 항상 분주하였다.

최근에는 다가오는 방학성경학교 교사들의 준비 모임이 이곳에서 열렸다. 참가한 교사들은 고학년 학생들과 젊은 농부들 그리고 우리의 성경부인들과 다른 이들이었다. 뉴 선교사의 그림을 통한 가르침과 합창은 훌륭하였고, 모두들 즐거워하였다. 그의 언어 선생은 어린이들을 몰고 다니는 하멜른의 피리 부는 사람 같았다.

주일학교와 성경공부반도 성장하고 있다. 그 중에는 여성 성경공부 예비반이 한 섬에서 진행되는데 심문태 목사와 스키너 선교사가 강사로 초청되었고, 지역 선교사들과 성경부인 그리고 다른 지도자를 위한 수련회도 계속 되고 있다. 통역자에 의하여 소개된 옥스퍼드 그룹의 새로운 단어가 흥미로웠는데, 바로 "나눔"이었다. 수련회를 위하여 수고한 스터키 선교사에 감사한다.

성경부인들의 교회 순회는 매우 인기가 있는데, 계속하여 그들을 보내달라는 요청이 들어온다. 여성 순회전도자가 없는 관계로 성경부인들은 큰 책임을 감당하고 있고, 그들의 열정적인 보고는 증가하고 있다. 트루딩거 부인도 트루딩거 선교사와 몇 시골 교회들을 방문하였고, 그곳 사람들은 그들의 방문을 즐거워하였다. 알렉산더 선교사도 휴가에서 돌아와 지금까지 여덟 교회를 방문하였다.

과거와 비교하여 말할 수 있는 다양한 다른 일들도 보고한다. 과거에는 선교사의 주도로 야학도 시작되고 야학 중에 선교사가 불출석하는 것은 생각지도 못하였지만, 현재 서쪽 끝에 있는 야학은

YWCA와 지역 전도회에 의하여 운영되고 있다. 이 마지막 활동은 3개월 동안 운영되었고, 교회에서 수료식이 있었는데, 8명의 수줍은 여성들이 수료증을 받았다. 이 반은 기숙사에서 진행되었고, 이 기숙사는 목사 사택부지에 우리 선교부의 적은 도움을 받아 지어진 것이다. 이곳에서 여러 가지 활동이 진행되고 있고, 교회 생활의 중요한 부분이 되었다. 이제 여름이 지나면 또 다른 여성반을 가르칠 계획에 있다.

교회는 몇 번의 특별한 주일을 보냈는데, 어머니 주일과 꽃주일은 우리 선교부의 도움 없이 모든 필요한 것이 자체적으로 준비되었다. 그러나 공립중학교가 콘서트를 열기 원할 때, 우리 교회의 성가대에 도움을 청하였다. 이 방면에 있어서는 교회가 앞장 서 있으며, 우리 선교사들이 아직 성가대를 훈련시키고 있다. 이 공립학교 어머니회 회장이 기독교인인데, 그녀의 교회 생활의 한 부분으로 진행과 절차를 배우고 있다.

뒤를 돌아보면 우리가 더 잘할 수 있었지만, 어떤 이는 깨끗하게 되고, 어떤 이는 배우고, 어떤 이는 복음을 들었다. 우리의 별명인 '기쁨의 선교부'가 올해도 그 몫을 다한 것이다.

(이 글은 스키너가 트루딩거 선교사 부부 그리고 알렉산더 선교사와 함께 쓴 보고서이다.)

통영의 서사시[*]

통영의 '전도 선박'은 우리 선교부의 중요한 자산 중에 하나이다. 그러나 모든 일꾼이 그런 것처럼 이 배도 자신만의 무드와 긴장과 개성이 있다. 그 중에 하나는 이 작은 배가 해외선교부 회원과 여선교연합회의 회원을 동시에 타게 하지 않는다는 것이다. 작년에 무리를 하여 항해를 하다가 하루 밤낮을 욕지도에 좌초되었었고, 그 후 몇 달 동안 운행을 하지 못하기도 하였다.

그 후 현재까지 잘 달리다가 어제 또 문제가 발생하였다. 왓슨 선교사는 여선교연합회 손님과 나와 매카그 선교사를 초청하여 세 시간에 거쳐 통영에서 화천으로 가는 길이었다. 화천에서 면동으로 건너가 그 마을 학교를 위하여 훈련을 받을 만한 교사가 있는 것을 보고, 당일 저녁 다시 돌아오려는 계획이었다.

태풍이 있었던 후라 항구 입구의 높은 파도는 우리 배를 깃털과 같이 흔들리게 하였고, 바위에 부딪치는 물결은 산산이 부서져 우리의 얼굴을 덮쳤다. 우리는 출항하여 나갈 때부터 이 작은 배의 상

---

* 「크로니클」, 1923년 12월 1일, 3-4.

태가 안 좋은 것을 느낄 수 있었다. 그러나 중간에 멈추는 것은 더 위험할 수 있어서 끝까지 항해를 하였고, 결국 우리는 목적지에 도착하였다.

매카그 선교사와 나는 거의 탈진한 모습으로 도착하여 그곳의 성경부인을 만났고, 또 금방 한낮의 더위가 시작되어 더 힘든 상태였다. 그 한국인 성경부인은 우리 외국인 여자들의 이 모습을 보고 거의 미쳤다고 생각할 수도 있었다. 우리는 그 마을에 도착하여 잠시 앉아 있다가, 훈련을 받을 수 있는 후보자를 데리고 오라고 하였다. 그런데 성경부인의 대답은 실망스러웠다.

"오. 그 여성은 지금 집에 없습니다. 몇 달 전 일본에 갔습니다."

우리는 다시 뜨거운 태양 아래 4마일을 걸어 배 있는 곳으로 갔다. 가면서 우리는 서로에 대한 신뢰를 확인할 수 있는 도덕적인 성찰을 서로 할 수 있었다. 주말을 위하여 성경부인은 그곳에 두고 왔는데, 화천에서 우리는 우리를 환영하는 교인들의 손에 이끌렸고, 함께 갔던 조크와 도날드는 수영도 하였다.

그리고 우리는 다시 배를 탔다. 배의 시동을 거는데 엔진이 계속 소리를 내면서 말썽을 부렸고, 결국은 프로펠러가 완전히 멈추었다. 그 마을의 구경꾼들이 해안가에서 우리를 쳐다보고 있었는데, 한 젊은 남자가 다가와 우리를 자신의 집으로 초청하였다.

바로 그때 배의 시동이 다시 걸렸다. 그 후 우리의 배는 계속 힘들어 하면서 천천히 항해를 하였다.

도날드는 작은 선실에 들어가서 자고 있었지만, 그의 아들 조크는 아버지를 도우려고 남아 있었다.

"아버지 가솔린 마개를 열었어요?"

"아버지, 그때 엔진을 껐어요. 아니면 저절로 멈추었나요?"

"아버지, 엄마에게 전보를 보낼 수 있어요?"

"왓슨 선교사님, 엔진이 너무 힘이 없어요."

그리고 마침내 아름다운 하늘에서 해가 지자 그 아들도 배 한편에서 위험스런 자세로 잠이 들기 시작하였다.

왓슨 선교사는 방법을 생각하여 큰 배가 지나갈 때 세워서 이 작은 배를 싣기를 원하였다. 그러나 그럴 사이도 없이 큰 배는 불빛만 남기고 지나쳐 갔다. 결국 통영 근처까지 다가가는데 또 다른 일이 생겼다. 물위로 떠 오른 많은 미역 사이에 엔진이 걸린 것이다. 왓슨 선교사는 긴 빗자루로 해초들을 걷어내기 시작하였다.

이 상황에서 졸린 음성이 선실에서 들려 왔다.

"아버지, 우리 지금 어디까지 왔어요?"

"이제 멀지 않았어. 아들아."

"지금 집에 도착하였다면 얼마나 좋을까."

이때 낚시선 한 대가 가까이 보였다. 왓슨 선교사가 소리쳐 인사를 하였지만 그 배 소유주는 듣지 못한 것 같았다. 그래서 더 큰 소리를 내어 사람을 부르자 무슨 일이라며 낚시 배 안에서 사람이 나왔다.

"우리가 잠시 당신의 배 도움을 받을 수 있을까요?"

그 소유주는 무어라고 이야기를 하면서 머뭇거리더니 빠르게 우리를 지나쳐 갔다. 동시에 길고 아름다운 미역은 여전히 우리 배 엔진에 감겨 있었다.

마침내 미역 줄기는 엔진에서 떨어져 나갔고, 배는 다시 앞으로 나아갔다. 그러나 '해외선교부와 여선교연합회의 속도'인 한 시간에 2마일 정도의 느린 속도였다.

통영항까지의 마지막 1마일이 더 거칠 것으로 생각되었지만 지난 20시간을 생각하면 견딜만한 편이었다. 마침내 우리는 통영항구에 도착하였다. 그때 달은 머리 위에 떠 있었고, 우리의 '행복한 하루'도 끝나고 있었다.

작년에는 배에 더 심각한 문제가 있어 결국 낚싯배를 타고 항구로 들어왔는데, 올해는 우리 배가 우리를 버리지 않고 항구까지 데리고 왔으니 얼마나 감사한가! 내년에는 누가 알겠는가. 아무 문제 없이 항해를 마치고 돌아올 수 있을지.

하나의 관점[*]

"더 주세요!" 렘킨 씨가 말하였다. "범블 씨, 나에게 분명히 대답하
십시오. 규정에 의하여 제공된 저녁을 다 먹고 그가 더 달라고 한
것이 분명합니까?"
"그렇습니다." 범블 씨가 대답하였다. "그 소년은 교수대에 매달릴
것입니다." 하얀 양복 조끼를 입은 신사가 대답을 하였다. "그 소년
이 매달릴 것을 나는 압니다."

_ 〈올리버 트위스트〉

모든 것은 그 사람의 관점에 달려있다.

"당신은 정말 그곳에서의 생활이 좋습니까?" 호주 고향의 친구
가 의아해하며 나에게 물었다. 동시에 한국의 친구도 같은 의아함
으로 물을 수 있다. "왜 사람들은 가뭄 재해가 있는 호주에서 삽니
까! 어찌하여 영국으로 돌아가지 않습니까?" 마찬가지로 지난 달
먼 호주를 향하여 떠난 선교사가 고향에서 마치 광야로부터 돌아

---

[*] 「코리아 미션 필드」, 1921년 2월, 41-43.

온 영혼처럼 든든하고 반갑게 환영을 받는다. 이 두 가지 서로 다른 관점을 조화롭게 하려면 걱정이 먼저 드는데, 고향의 사람들이 생각하는 그 영혼의 형제들은 난로에 김치를 요리하는 한국인의 참모습도 아니고, 호주에서처럼 질서가 잡힌 교회도 아니고, 마치 집안의 화병을 정기적으로 청소하는 것도 아니라는 것이다.

그러나 작년에 호주에서의 휴가를 마치고 돌아온 선교사들이라면, 이런 생각은 넘치는 놀라움 속에 잃어버리게 된다. 이것은 마치 아무것도 먹지 않으려는 어린아이를 한참 설득하는 것과 같은 일이고, 그리고 나중에 돌아와 보니 음식을 삼킬 뿐만 아니라 숟가락과 그릇도 먹으려고 하는 모습을 보는 것 같다.

모든 방향에서 들려오는 메아리는 올리버 트위스트의 불멸의 울부짖음 "더!"이다. 기차역에서 불신자들이 "우리 아이들을 가르쳐 달라!"라고 소리치고, 요리문답자는 "성경을 가르쳐주십시오"라고 말하고, 교회의 젊은이들은 "각 파트 노래를 가르쳐주십시오"라고 간청하고 있다. "우리는 공립학교에서 배웠습니다"라고 하면서 "그러나 우리는 더 많이 배우고 싶습니다"라고 소녀들은 말하고 있다. 이것은 선교부에 들리는 음성인데 그렇다면 시골 마을의 외침은 무엇일까?

두 달 전에 한 선교사는 해안가의 믿지 않는 마을로부터 초청을 받았다. 그곳에 20명의 남성이 기독교인이 되겠다고 결심하고 나와 있는 것을 선교사는 보았고, 그들은 그 선교사의 가르침을 근심스럽게 기다리고 있었다. 이 새신자들의 결단은 즉시 그들의 마을과 선교부에도 알려졌다.

"우리는 교회를 창립하고 싶습니다."

그들은 말하였다.

"우리 마을의 여성들이 배워야 합니다. 우리에게 교사를 보내주십시오"라고 하였다.

"아니요. 성경부인으로는 충분하지 못합니다. 우리는 외국선교사를 원합니다"라고 하였고,

"아니요. 다음 달은 늦습니다. 우리 여성들의 마음이 우리를 적대하고 있습니다. 우리는 지금 선교사를 원합니다" 하고 그들은 주장하였다.

그리고 간청하는 자가 이기듯이, 두 주 만에 그 마을에는 외국인 여성이 보이기 시작하였다. 그 마을 어린이들은 기회를 놓치지 않고 그 여인을 둘러싸며 보호를 하였지만, 쌀쌀맞게 구는 두 사람이 있었는데 하나는 그 동네의 여인이었고, 다른 하나는 그 여인들 뒤에 있는 한 나이 많은 남성 노인이었다. 기독교인이 되기 원하는 이 마을의 주축인 남성들도 이 노인의 존재로 인하여 조심성 있게 접근하였다.

이 노인은 갑자기 문을 열어 우리가 무엇을 하는지 살펴보았다. 그는 90세로 매우 엄한 모습을 하고 있었다. 그가 나타나면 우리의 작은 모임은 크게 혼란에 빠졌고, 상냥한 성경부인의 초청도 소용없었다. 그는 무엇인가 툴툴거리며 걸어 나가버렸다.

그의 아들은 그러나 우리를 크게 환영하였다. 만약 우리가 기독

교의 한 공동체로 그에게 젊은 교사 한 명과 학생 두세 명만 제공해 준다면, 그는 모든 비용을 댈 수 있을 것이다. 그러나 대신에 그의 18살 딸을 우리 기숙사에 한두 주 초청하였다. 그러나 그는 본인의 부친을 너무 두려워하여 그 제안을 받아들이지 못하였다. 그 딸은 유쾌하였으나 부끄러워하였고, 동네 여인들은 선교사를 믿기 전에 먼저 동네에 유익한 일이 이루어지는 것을 보기 원하였다. 그녀의 어머니와 동서가 저녁식사 시간에 우리에게 고구마를 제공하며 여러 질문을 하였을 때 그녀는 조용하게 앉아있었다. 이 만남은 거의 두 달 전의 일이었다.

그 마을에서 온 최근의 소식에 따르면 그 딸이 두 명의 여인과 어린이들을 모집하여 반을 만들었고, 그들을 가르치고 있다는 것이다. 그녀는 옛 방식의 글방에 잠시 참가하였고, 비기독교 일본인 야학에서 2년간 공부하였다. 그녀는 성경책과 찬송가를 3개월 전에 처음 접하였다. 마을의 여인들이 우리의 메시지에 적대적이었던 것을 생각하면, 그들과 함께하고 함께 사는 그 여인의 정신에 우리는 놀랄 수밖에 없다. 그녀는 부족한 시설과 긴장 속에 40명의 반을 '황무지와 같은 하나님의 도시 가장자리'에서 인도하고 있었다.

그녀를 돕기 위하여 우리는 무엇을 할 수 있을까? 그리고 아무도 도와주러 오지 않는 다른 마을의 수백 명 주민들을 위하여 어떤 일들이 이루어져야 할까. 그런 마을에는 작은 교회 처소가 있지만 공립학교도 없고, 심지어 옛 방식의 글방도 없다. 우리는 그들에게 중학교 졸업생을 파견할 수도 없었고, 할 수 있다 하여도 그렇게 하지는 않았다.

그 문제의 해결을 위해서는 특별히 훈련받은 성경부인이 필요하다고 우리는 보고 있으며, 그녀는 그 지역에 한 번에 몇 달씩 머물며 교육 사업에 집중하여야 한다. 현재 두 명의 여성이 성경부인이 되기 위하여 훈련을 받고 있으며, 앞으로 더 많은 훈련받은 교사가 필요할 것이다.

그러나 실제 현실은 이렇다. 그 성경부인은 다른 마을로 옮겨가기를 강력히 원하였는데 그곳은 사람들 사이에 생명의 약동이 특별한 곳이었다. 바닷가로 다섯 마일정도 걸어가면 해변가 마을이 나오는데 얼마나 아름다운지 휴가를 보내고 싶은 곳이었다. 다른 곳에서와 마찬가지로 우리는 이곳에서 가가호호를 방문하며 전도를 하며 소책자를 나누어 주었다. 우리가 방문하기 바로 전 큰 천둥을 동반한 호우가 있었는데, 마을 주민들은 그 소리에 두려워하였었다. 어떤 이는 하늘에서 운석이 해변가 바다로 떨어지는 것을 보았다고 하였는데, 성경부인이 이 기회를 이용하여 정의, 절제 그리고 다가올 심판에 대하여 이야기하자 다들 경외심으로 그 말을 청취하였다.

그곳에서 7명의 남자가 기독교인이 되겠다고 결심을 하였고, 감옥에서 하나님의 말씀을 들은 젊은 남성이 설교의 첫 열매들이 되었다. 그 마을의 조사가 소집한 그 날 저녁 회의에서 이 지역에 교회를 설립하기로 결정을 하였다. 여성들이 소곤거리기를 "신령들이 우리에게 어떤 해코지를 하지나 않을까?" 하며 염려하였고, "지금부터는 신령들이 없다고 믿는다"고 한 여성이 진심으로 대답하였다. 그 다음 날 열정적인 주민 8명이 기독교를 배우기 위하여 찾아왔는데, 우리는 그들에게 짧은 시간 가르침을 주었다. 그들을 그냥 두고 그 마을을 떠나기가 참 쉽지 않았다. 하루의 설교, 찬송가 한 장, 그리고 요한복음 3장 16절 말씀 한 구절은 그들이 기독교 생활을 이어가기에 충분치 않았고, 그리고 역시 '더'를 외칠 수밖에 없었다.

그동안 만족하였던 내용이 바뀌고 있다는 사실이 놀랍지 않다. 메시지는 동일한 오래된 메시지이지만, 부속물은 같지 않다.

"내가 만약 기독교인이 된다면 나의 남편이 나에게 어떻게 할까요?"

기독교인으로 거의 전도된 한 여성의 질문이다. 경험 있는 성경 부인은 대답하였다.

"그가 무었을 할 수 있을까요? 그는 당신을 죽일 수야 있겠지만, 그것도 한 번입니다. 용기를 내십시오."

이것이 무슨 말인지 새 성경부인이 물었다.

"10년 전이나 심지어 5년 전에는 남편을 두려워하였지만 지금은 아닙니다. 세상법도 이제는 당신을 보호하여 줄 것입니다. 다른 일들은 남편과 상의하여 하지만, 신앙은 아닙니다. 여성과 어린이에게 새날이 왔습니다."

이 말을 한 여인이 과부라는 것을 언급할 필요가 있다. 또한 초신자들 중에 남자에게 순종하기보다 하나님께 순종하므로 큰 고난을 당하기도 하였지만, 한국 여성들 중에는 그리고 기독교 교육이 아직 소개되지 못한 지역에서도 새로운 자유와 힘을 느끼고 있다는 사실은 의심할 여지가 없다.

우리 모두는 지난 몇 년 동안 한국의 개화를 낯설지 않게 생각하고 있다. 우리 지역에 눈에 보이지는 않지만 기회는 다가오고 있었는데, 이제는 그 변화를 볼 수 있다. 그러나 우리는 이것에 만족하는가? 대약진 운동을 위하여 시기가 성숙되었다. 세계적으로 "더"를 외치는 울부짖음에 우리는 응답할 것인가 아니면 손을 털고 떠나겠는가?

한산도에서 생긴 일[*]

크로니클 독자에게 편지를 쓴 지가 하도 오래되어서 어디부터 시작해야 좋을지 모르겠다. 지난번 편지를 쓴 이후로 이 작은 선교부에 많은 변화가 있었다. 지난 6월 말 매카그 선교사는 휴가를 떠났고, 호주선교부 회의 이후 왓슨 부인은 아들 3명을 데리고 떠났기에, 통영 선교부는 거의 비어 있다.

교회의 여성 신도들은 우리가 자기들을 버리고 떠난다고 불평을 할 정도였다. 왓슨 부인이 돌아오기까지 누가 주일학교에서 가르칠 것인지 그들은 물었다. 교인들은 항구에 모여 조용하지만 신실한 환송식을 하였는데, 그들이 이곳에서 오랫동안 해왔던 다양한 일들을 길게 이야기하며 칭송하였다.

동시에 던 선교사와 왓슨 선교사가 돌아올 때까지 내가 이 성을 지켜야 하였다. 이제 그들이 다시 돌아올 날이 3주 정도 남았다. 그러나 나 혼자 이 집에 있는 것이 그렇게 오래 여겨지지는 않았다. 우리의 산업반은 그 특성으로 인하여 다른 학교처럼 멈추어질 수

없었고, 학생과 교사들이 수시로 드나들었다. 그들은 우리 선교사의 집에도 저녁마다 모여 노래를 불렀으며, 그리고 학기가 시작되기 전에 나는 몇 명의 음악 학생들을 불러 함께할 수 있었다.

나는 해인사에서 있었던 휴가 파티에도 두 주 동안 참여할 수 있었는데, 이것은 또 다른 흥미 있는 이야기이다. 이 이야기는 맥피 선교사가 그녀의 편지에 쓰는 특권을 가졌다. 우리는 모두 아테네의 남성들 같았는데, 뭔가 새로운 내용을 쓰려고 항상 찾고 있다.

우리가 불교 사찰에 쉬기도 하고 구경 간다고 하였을 때 우리 친구들은 큰 흥미를 가졌다. 그들은 우리에게 스님들과 만나는 사람들에게 전도하라고 권유하였다. 새로운 성경부인인 윤 부인이 말하였다.

"당신들은 얼마나 축복됩니까. 공부와 쉼과 기도를 위하여 방해받지 않고 갈 수 있으니 말입니다."

우리의 성경부인들도 우리처럼 일 년에 한 달 여름에 휴가를 가질 수 있었지만, 생각해보면 그들은 실제로 통영에서 거의 쉬지를 못하였다. 특히 지역에 있는 일꾼들은 그들의 짐을 벗지 못하는데, 휴가 시에도 설교와 심방을 할 수밖에 없는 형편이었다.

그래서 나는 윤 부인과 상의하여 4명의 성경부인과 한 명의 교사와 함께 우리의 배 '데이 스프링'을 타고 한산도에 도착하였다. 그곳에는 300여 년 전에 일본 함대를 격파시킨 한 장군을 기념하여 세운 건물이 있었다.

이곳은 우리가 지내기에 이상적인 곳으로, 건물의 삼면은 바람이 불도록 열려져 있고, 한편에는 한국식 방이 3개 있었다. 그곳에서 우리는 푸른 바다를 바라볼 수도 있고, 나무들이 꽉 찬 숲도 볼 수 있었다. 나이 든 관리인 부부와 가끔씩 보이는 어부들을 제외하면 방문하는 사람들도 없었다. 이 섬은 통영에서 45분 정도 밖에 안 걸리지만 다른 지역에서는 먼 곳이었다.

우리는 수영도 하고 성경공부도 하면서 하루를 지냈다. 성경부인 중 두 명은 처음으로 달빛 아래 바닷가에 나왔다고 하였는데, 그들은 매우 즐거워하였다. 수영을 한 후에는 조개를 잡거나 고동을 주었다. 나머지는 계속하여 수영을 하였으며, 그 결과 우리 중에 두 명이 수영을 배울 수 있었다.

성경공부도 진지하게 진행되었다. 매일 아침 우리는 두 시간 동안 에베소서를 공부하였으며, 매일 저녁에는 히브리서에 관한 질문을 내가 받아 설명하여야 하였다. 금방 답을 줄 수 있는 질문도 있었지만 대답하기 어려운 질문들도 있었는데, 감사한 것은 3년 전 성경학교에서 히브리서를 가르친 경험이 있어 도움이 되었다.

오늘은 이곳에서의 마지막 날이다. 그리고 우리는 이곳에서의 시간이 참 귀하게 생각되었다. 우리는 행복하였고, 그러나 조금씩 염려되는 것이 있었다. 우리가 가지고 온 음식을 다 소비하였는데, 우리를 데리러 올 왔슨 선교사의 배가 아직 안 보인다는 사실이다. 그래서 나는 기다리는 동안 아직 남은 밀가루를 가지고 스콘 빵을 만드는 방법을 가르쳐 주었다.

네 명의 부인이 마을로부터 금방 도착을 하였고, 우리의 가장 젊은 성경부인이 시간가는 줄 모르고 그들에게 성경을 가르쳤다. 그들 중 한 명은 집중하여 말씀을 들으며 때로 질문도 하였는데, 여러분이 그 분의 늙은 얼굴을 볼 수 있었으면 좋았겠다. 그녀는 죄의 삯이 사망임을 믿지 않았고, 그렇게 말하였다. 사실 이 마을은 전에도 기독교에 매우 적대적인 곳이었고, 기독교의 모습을 모두 쫓아내었던 곳이었다.

주일은 그 달의 보름이었고, 세속적인 의식이 있는 날이었다. 그들이 큰 나무 아래 영들을 위한 음식을 제공하며 기도할 때, 한 여인이 우리 성경부인을 보더니 다가와 조용히 말하였다.

"당신 앞에 나는 창피합니다."

그리고 그 의식을 주관하던 남자도 말하기를 관공서에 가서 영들에게 더 이상 음식을 제공하며 의식을 하지 않겠다고 말하기 원한다고 하였다.

"만약 그들이 나를 쫓아내면 나는 떠나겠습니다."

그 남자는 결연히 말하였다. 그는 77세의 노인이었고, 작년에 왔슨 선교사와 커닝햄 선교사로부터 기독교에 관하여 들었기 때문에 이렇게 말하는 것이었다.

여름휴가가 이제 3일밖에 남지 않았다. 다가오는 이번 학기에는 유치원 학생들의 부모 집을 일일이 방문할 특별한 계획을 가지고 있다. 당신이 기도할 때 이 일을 위하여 기억하고 기도해주시겠는가? 우리 일꾼들에게 힘과 지혜를 주셔서 많은 영혼들이 예수 그리스도께 돌아오도록 기도해 주시기를 바란다.

3장

에이미 스키너 선교사를 추모하며

글: 호주장로교회 해외선교위원회,
뉴헤브리디즈 장로교여선교연합회
번역: 양명득

호주장로교회 해외선교위원회 추모사[*]

1954년 7월 9일 금요일 아침, 우리 인간세상과 우주적인 교회의 친교 안에서 두 사람의 성인이 운명하였다. 성인이라 함은 신약의 깊은 뜻의 높은 단어이다. 두 분 다 특별한 은사를 받은 자들인데, 지적이고, 정열적이고, 풍부한 유머의 은사이다. 두 분 모두 그들의 생명과 사랑을 주님을 위하여 헌신하였다.

필자의 친구인 이 두 사람이 한 날에 운명하여 그 둘을 한꺼번에 잃게 되었다('잃다'는 말은 적절한 표현은 아니다)는 사실은 나에게 참 슬픈 경험이다. 둘 중의 한 명은 호주 천주교 영적 지도자 헤켓 신부이고, 다른 한 명은 필자가 추모사를 쓰고 있는 에이미 스키너 선교사이다.

에이미는 물론 '석고로 된 성인'이 아니다. 그녀는 하나님으로부터 부름을 받았고, 그 부름에 응답하였고, 살아있는 성인이었으며, 그것은 특권이고, 참 흥미로운 특권이었다.

에이미는 큰 은사를 받은 가정으로부터 왔다. 그녀의 아버지는 능력 있는 의사로 빅토리아의 비치워쓰에서 업무를 보았다. 두 명의 삼촌 중 한 명은 잘 알려진 캠브리지의 웨스트민스터 대학의 구약학 교수였으며, 다른 한 명은 인도의 선교사로 높은 영예인 카이저 힌디 메달을 받았다.

에이미는 고등학교 졸업 후 멜버른대학 인문학과 학생이 되었으며, 그녀의 영리함은 대학 공부 수준과 생활에 금방 적응하게 하였다. 그리고 학문적인 훈련 외에 다른 것이 그녀의 마음에 자리를 잡게 된다. 에이미에게 드라마틱하고, 그녀의 성격대로 주저하지 않는 결정적인 사건이 일어나게 되는데, 오몬드대학의 기독학생운동 여성대회에서였다. 이 대회는 당시 세계기독학생연맹 총무인 루쓰 라우즈가 회장으로 있었다.

그 날부터 에이미는 자신이 기독교 봉사를 위하여 존재한다고 믿었다. 그녀는 다시 트리니티 칼리지 기숙사로 돌아왔고, 대학 공부를 계속하였는데, 새롭고 견고한 목적이 있었다. 인문학과를 졸업한 후 그녀는 교육학을 수료하였고, 그리고 그 길로 되돌릴 수 없이 한국으로 향하였다. 1914년 그녀는 준비되고 갖추어져 우리에게 왔는데, 세상적이고 종교적인 훈련가로서뿐만 아니라 깊은 영적인 에너지를 가지고 있었다. 당시는 프랭크 페튼의 지도하에 교회가 있었는데, 그는 빅토리아교회를 새로운 단계의 헌신과 노력으로 세우고 있었다.

에이미는 언어를 배우는 데 탁월한 능력의 소유자였다. 단순히 언어를 배우는 학생 수준이 아니었던 것이다. 그녀의 입에서는 사투리가 줄줄 나왔고, 그녀의 표현은 때로 차분한 한국 학자에게 전기충격을 주는 모습 같았다.

만약에 '우정'이 선교사의 더할 나위 없는 과제라고 한다면, 에이미는 위대한 선교사이다.

'여성들의 우정'에 대하여 이상하고도 날카로운 비평적인 태도가 남성 선교사들 속에 있었다. 다윗과 조나단을 비평하지 않는다면 어찌하여 에이미와 '조선 친구'들을 비평하는가? 에이미는 놀라운 자기 헌신의 은사가 있다. 때로는 아마 이것 때문에 주위사람들에게 착취당하기도 하였는데, 그러나 우리 주님은 그녀를 '착취'하지 않으셨다.

한국에서 에이미의 공식적인 역할은 교육이고 전도였지만, 그 외에 그녀는 산업 훈련반을 운영하였고, 의학적인 훈련은 받지 않았지만, 간호사와 같은 책임도 여러 경우에 짊어져야 하였다.

에이미는 한국여성 수 명을 훈련시켰으며, 그녀는 그들과 함께 복음이 닿지 않은 어렵고도 위험한 먼 지방까지 다니며 전도하는 개척자였다. 2천 년 전 바울과 같이 원시적인 위험한 바다를 건넜고, 배를 타고 다녔다.

에이미는 격한 기질이 있었고, 아픔과 어두움의 기분이 있었지만, 그녀 자신의 탄력성과 하나님의 은혜로 기쁨과 웃음으로 되돌아올 수 있었다. 호탕한 그녀의 웃음은 그녀가 어려움에서 생명으로 되돌아 올 수 있었던 성격과 매력이었다. 그리고 그녀는 유쾌한 이야기꾼이었다!

태평양에서의 전쟁은 그녀를 다시 한국으로 돌아가지 못하게
하였다. 그녀는 당시 호주에서 휴가 중이었다. 그러나 그녀는 그녀
의 헌신을 다른 채널로 드릴 수 있었다.

호주의 새로운 공업화의 열매 BHP 회사가 와이얄라에 도시를
조성하였고, 그녀의 기독교적인 영성을 알았다. 에이미에게 그곳
에서의 경험은 또 다른 것이었고, 추측하건데 와이얄라에게도 마찬
가지였을 것이다.

그리고 더 개척적인 일이 시작된다. 이번에는 뉴 헤브리디즈의
여성들을 위한 것이었다. 그곳에서 그녀는 여성들에게 크리켓 운동
을 가르쳤는데, 그녀의 할머니들은 아마 인육을 요리하던 부족이었
을 것이다. 그녀는 깊고도 더 놀라운 것들을 그들에게 가르쳤다. 그
들 중에 한명이 이렇게 말하고 있다.

그녀는 우리에게 여성들도 예수님을 위하여 일할 수 있다는 것을
가르쳐 주었다.

그곳에서의 사역을 마치고 에이미는 호주로 다시 귀국하여 새
로운 호주의 어린이들을 도왔다.

에이미는 얼마나 불굴의 선교사였으며, 봉사하고 사랑하고 유
쾌한 기독교인이었나? 그리고 이 모든 헌신은 심각하고 만성적인
육체의 장애 속에 이루어진 것들이었다.

승리를 주신 하나님께 감사를 드립니다. 이 모든 것은 전능하신 하나님이 그녀를 사랑하심이니이다.

뉴헤브리디즈 장로교여선교연합회 추모사[*]

에이미 스키너는 1945년 뉴헤브리디즈 이리키키 지역학교 교장으로 부임하였습니다. 그리고 짧은 시간 안에 그녀는 이 지역의 모든 여성과 진정한 친구가 되었습니다. 스키너는 이곳에서 여선교연합회를 창립하였고, 임원회의 총무가 되었습니다.

이곳 다섯 개 마을의 여성들은 스키너에 관한 많은 것을 절대로 잊지 못할 것입니다. 그녀의 성경 강의, 다른 사람의 고난에 대한 이해, 어린이들을 위한 사랑, 사람들을 항상 웃게 만드는 방법, 예수 그리스도를 섬기는 데 있어서 모든 것을 아낌없이 내어주는 모습 등입니다.

우리는 스키너를 사랑하였고, 스키너는 우리를 사랑하였습니다. 이분이 뉴헤브리디즈 장로교여선교연합회를 '지혜롭고, 확실한 반석' 위에 서게 만들었습니다. 그녀의 일생과 삶의 모범은 많은 사람들에게 영감이었음을 하나님께 감사합니다.

---

[*] Massam, Katharine, "Stories of our Founders - Women of the PWMU in Australia and Vanuatu," Vanuatu Women in Leadership: Foundation, Gospel Vanuatu Book, Australia, 2015, 15-30.

4장

호주교회의
통영 선교

글: 서상록

통영 최초의 커피는 누가 마셨을까?

늦가을의 스산함이 낙조에 일렁이는 물결처럼 애잔하게 밀려오는 오후. 절로 따뜻한 커피가 생각난다. 별별 커피가 즐비한 요즘, 커피는 이미 현대인의 필수품이 된 지 오래다. 그럼 통영의 커피 문화는 과연 언제부터 시작 되었을까? 그 비밀을 함께 풀어보자.

통영에서 커피의 기원을 찾아보기 위해서는 우선 김치몽이란 인물을 빼놓을 수 없다. 김치몽은 1857년 1월 12일 경남 통영군 용남면에서 삼도수군통제사(三道水軍統制使)의 의전관(儀典官)인 김기철의 세 아들 중 둘째로 태어났다. 그는 정삼품(正三品) 통정대부(通正大夫) 당상관(堂上官)으로 관직생활을 하다 낙향하여 고향인 통영에서 지내고 있던 중 한 호주 선교사를 만나게 된다.

1890년대 어느 날 호주에서 온 선교사(아마도 아담슨 선교사)가 통영의 어느 우물가를 지나다가 마침 물을 길러 나온 부녀자들에게 다가가 전도지를 나누어주며 복음을 전하고 있었다. 이 광경을 보고 오해한 마을 청년들은 "왠 서양 오랑캐가 마을 처녀들에게 연애편지를 나누어 주느냐"라며 고함을 지르고 폭력을 휘둘러 선교사는 그만 피투성이가 되고 말았다.

이 사실을 전해들은 김치몽은 곧장 우물가로 달려가 흥분한 사람들을 말려 돌려보내고 이 낯선 이방인을 자기 집으로 데리고 가서 정성껏 치료하며 돌보아주었다. 이 사건을 계기로 김치몽과 서양 선교사는 인간적인 교감을 나누게 되었고 고마운 마음에 선교사는 본국에서 가져온 주방기구를 김치몽의 집에 설치해주며 정성껏 차를 끓여 대접하였는데, 이것이 통영에 최초로 들어온 커피였다. 김치몽은 이러한 인간관계를 바탕으로 기독교를 받아들였고, 그때부터 그의 집은 선교사의 전도 무대가 되었다. 김치몽은 사람들을 모으고, 호주 선교사는 기독교 복음을 전했다. 그의 집 사랑채는 아예 예배장소가 되었다.

통영에서 전직 당상관이 개종을 했다는 사실은 실로 엄청난 일이 아닐 수 없었다. 조정의 고위 관료였던 김치몽이 개종했다는 소문이 돌자 급기야는 그의 맏형도 이 사실을 알게 되었다.

1896년 설이 얼마 지난 후 김치몽에게 큰 사건이 일어났다. 명절날 가족제례에 그가 참석하지 않자 집안은 왈칵 뒤집히고 말았다. 분노한 맏형은 사람을 보내어 동생 치몽을 데려와 상투머리를 대청 서까래에 매달고 혹독한 매질을 하여 유혈이 낭자했다. "나라가 망해가는 것도 서러운데 저놈 때문에 가문까지 망하게 되었다"고 고함치며 휘두르는 형의 매질을 그대로 두면 맞아 죽을 지경이 되었다. 그도 그럴 것이 1년 전인 1895년 명성황후가 일본의 낭인에 의해 무참히 살해당하는 사건이 나면서 조선의 운명은 꺼져가는 등불과 같았으니 그의 분노를 이해할 만도 하다. 그날 밤 김치몽은

형수의 도움을 받아 가족과 정든 고향 통영을 등지고 부산으로 피신하는 신세가 되었다. 그때 그의 나이는 40세였다.

이렇듯 통영의 커피는 호주 선교사와 김치몽의 값비싼 대가를 치른 가슴 아픈 기억을 간직하고 있다.*

---

* 자료 출처: 『제일 영도교회 100년사』.

알렉산더 선교사와 장애인 장바울의 이야기

초겨울의 쌀쌀한 바람이 분다고 하지만 아직 남도의 산에는 떠나기를 싫어하는 듯 마지막 남은 형형색색의 단풍이 가을의 대미를 장식하고 있다. 이렇듯 만남과 헤어짐은 인간에게만 있는 것이 아닌 듯하다. 빛바랜 통영 근대사의 책을 펼칠 때마다 아련한 아픔으로 밀려오는 한 아름다운 이야기가 있다.

1918년 통영에 도착한 호주 선교사 알렉산더(Margaret Alexander, 한국 이름 안진주)는 진명 유치원을 운영하면서 수시로 섬을 방문하여 기독교를 전하며 많은 사랑을 베풀었다. 특히 욕지도를 방문하며 알게 된 장바울이라는 사람에게 많은 사랑과 은혜를 주었다.

장바울(1879~1941)의 본명은 장희우로 경남 통영시 광도면 안정리 산촌부락 1765번지에서 장원이와 송필이의 둘째 아들로 출생했다. 병원이 없던 시절 그는 아파오는 다리를 치료하기 위해 침을 맞았는데, 그만 두 다리를 쓸 수 없는 하반신 장애인이 되고 말았다. 마침 결혼을 앞두고 혼수를 준비 중이었는데 예상치 못한 사고로 평생 독신으로 살아야 했다. 그는 정든 고향을 떠나 형님이 있는 욕지도 서산리 덕동 4번지 군자포로 와서 살았다.

호주 선교사로부터 전도를 받은 장바울은 산 너머 논골에 있는 예배당까지 지게에 얹혀 오갔다. 그에게 교회에 가는 시간은 유일한 기쁨이고 소망이었다. 하루는 안진주 선교사가 사경회를 인도하기 위해 욕지도로 온다는 소식을 받게 되었다. 날마다 공책을 찢어 성경 이야기를 그림으로 그리던 그는 안진주 선교사를 기다리는 마음을 편지로 적었다.

하나님 아버지께서 친히 부르심을 받들어 고국을 떠나서 수만리 타국에서 그리스도의 복음사역을 위하여 수고 많이 하시던 안 부인 진주 씨는 우리 욕지교회를 이처럼 사랑하사 이전 일에 방문하신 후에 또 금번에 사경회를 작정하시고 오셨다는 말씀을 들으니 참 반갑고 고마운 생각이 비할 데 없습네다. 연약하신 일신으로 창파월노에 별고 없이 잘 오셨습니까? 교제는 성신을 의지하고 아무 별고 없이 잘 있으니 하나님 아부지와 우리 구주 예수그리스도의 은덕을 찬송하옵니다. 우리 구주 예수그리스도로 말미암아 나의 자매되신 안 부인은 나 더러운 병신을 특별히 위하시던 은혜는 태산과 같사오나 교제는 누님께 천총지공도 갚을 수가 없으니 참 부끄럽습네다. 그러나 풍부하신 하나님 아버지께서 내 대신으로 친히 갚아 주실 줄 믿습네다. 교제는 이 세상에서 늙고 병들어서 육신이 비천한 형상이 나사로와 같은 인생이오니 누가복음 16장 19절에 말씀을 보고 이 편지 가운데 그림을 그린 것이올시다. 교제가

성신 전(前)에 간구하기를 안 부인께서 금번에 우리 욕지교회에
큰 성공하기를 기도합니다.

_ 선교사 안 부인 전에 장바울 상서

이 편지는 현 고신대학교 이상규 교수가 호주 멜버른에서 학위
논문을 위해 고문서관을 뒤지던 중에 멜버른의 장로교여전도연합
회(PWMU) 회장이던 탈스마(Talsma) 여사로부터 한글로 쓰인 한
통의 편지를 건네받음으로 알려졌다. 탈스마 여사는 1918년부터 2
년, 그리고 1940년부터 일제에 의해 강제축국 당하기까지 2년간 통
영에서 활동한 안진주 선교사의 조카였는데, 안진주 선교사의 유품
에서 나온 한글 편지를 이상규 교수에게 준 것이다.

벽안의 호주 선교사 안진주로부터 넘치는 사랑과 은혜를 받은
장바울은 육신의 질고를 신앙으로 버티며 63년의 생애를 살다
1941년 9월 11일 주일 오전 11시경 통영시 욕지면 서산리 306번지
에서 세상을 떠났다.

통영 최초의 교회는?

26년 전의 일이다. 기독교 신앙을 가진 필자는 필자가 사는 통영의 기독교 전래와 그 기원을 역사적 관점에서 알고 싶었다. 1990년 8월, 배낭에 쌀과 밑반찬 그리고 카메라, 녹음기, 메모장을 넣고서 한산도를 시작으로 차근차근 섬을 답사하기 시작했다. 답사 마지막 일정으로 도착한 곳은 욕지도였다. 욕지교회에 여장을 푼 후 교회를 천천히 둘러보는데 예배당 입구 벽면에 새겨진 글자가 유난히 눈에 크게 들어온다. 교회 설립일이 1902년으로 되어 있다.

"아, 이상하다?" "내가 알기로 통영지역에서 역사가 가장 오래된 교회는 1905년에 설립된 대화정교회(현 충무교회)인데 어찌하여 육지보다 섬에 먼저 교회가 설립되었을까?"

옛날이나 지금이나 도서 지역은 지리적으로나 환경적으로 볼 때 여러모로 육지보다 늦을 수밖에 없다. 모든 인적, 물적 자원들이 육지로부터 공급되기 때문이다.

지금도 대부분의 사람들은 통영에서 가장 먼저 설립된 교회는 충무교회로 알고 있다.

시간이 지날수록 나에게 다가온 이 의문은 좀처럼 내 머릿속을 떠나지 않고 호기심은 커져만 갔다. 주변의 사람들에게 물어보아도 이 궁금증을 풀어줄 의미 있는 답을 주는 사람은 없었다. "혹시 기록의 오류가 아닐까?"라는 생각을 해보기도 했다.

통영은 호주 선교사의 서부 경남 도서 지역 선교 거점 도시이다. 이곳을 중심으로 섬 지역 선교가 활발하게 이루어졌다. 통영의 44개 유인도서로 가는 모든 해상 교통수단도 통영항에서 출발하기도 한다. 따라서 통영은 섬 지역을 포함한 이 지역의 생활 중심지이다. 통영이 이러한 거점 도시임에도 불구하고 교회 설립은 육지에 속한 통영 보다 섬 지역인 욕지도가 앞섰다. 그 까닭은 무엇일까? 이에는 정치적, 역사적 배경과 변화를 갈망하는 욕지도 주민들의 진취적이고 도전적인 성향 그리고 열악한 환경을 신앙으로 극복·승화시키려는 불굴의 의지가 깔려 있다는 것을 알았다. 이러한 특이한 현상을 연구하자면 통영과 도서 지역의 초기 기독교 전파에서 중요한 요인으로 작용한 역사적, 정치적 배경, 지역 경제의 특성, 해상 교통 여건 등을 다각도로 살펴볼 필요가 있다.

욕지도는 통영에서 남쪽으로 가장 먼 거리(32 km)에 있는 섬인데도 인근의 다른 섬들과는 다르게 일찍이 개발되기 시작했다. 1870년대 후반부터 삼남 지방에 해마다 거듭되는 흉년으로 인해 배고픔에 허덕이던 육지의 주민들이 욕지도로 이주하기 시작했는데 이에는 통제영과 욕지도 개척이라는 역사적 배경이 있다. 욕지도 개척은 삼도수군통제영 소속 구진별장 김문언이 당시 명례궁(덕수궁)의 직할 섬이었던 욕지도의 풍부한 산림과 해산물로 민생에 도움을 주기 위해 한양으로 올라가 오주부라는 사람에게 흉년으로 굶주린 주민들이 욕지도에 들어가 살 수 있도록 조정에 건의해줄 것을 간청하였다. 오주부는 명례궁에 입궐하여 상소하기를 욕지도에 허민하여 주시면 어업을 개척하여 많은 조세 수입을 확보할 수 있고 어려움을 겪고 있는 주민들의 고통도 해결해줄 수 있다고 하였다. 이에 조정은 오주부의 명의로 조세를 바치기로 하고 주민의 입도를 허가하였다.

고종 24년, 1887년에 오주부는 고성군으로 부임하고, 고성군 춘원면 욕지도에 백성들이 이주할 것을 공포하였다. 한편 통제사 비장 오학선은 병선비장 유선달을 시켜 춘원면 풍화리 김원일, 오비도 김홍원, 거제도 김신지 등 4명을 욕지도에 보내어 동항리 서지골에서 장수나무 아래 제단을 쌓고 소를 잡아 제물을 차려 욕지도 개척제를 지냈다. 그리고 그 이듬해인 고종 25년 1888년 통제영에서 욕지도 입도 희망자 신청을 받기 시작하였는데 해를 거듭할수록 각지에서 사람들이 모여들기 시작했다. 진양과 전라도 등지에서 김 씨가, 남해에서 조 씨, 이 씨, 강 씨, 장 씨, 유 씨가, 고성에서 박 씨, 왕 씨, 이 씨가, 하동에서 강 씨가 이주하여 마을을 형성하고, 화전을 일구며, 바다에서 고기를 잡아 생활했다.

이렇게 모여든 사람들 중에 예수교를 믿는 소수의 사람들이 있었다. 이들은 주로 유동, 노적, 어둔골, 도동에 흩어져 살았는데 논골이라는 곳에 초가 예배당을 지어 낮에는 비탈진 산등성이에 나가 밭을 일구거나, 바다에 나가 고기를 잡아 생업에 열중하였다. 하지만 이들의 생활은 척박하고 고통스러웠다. 거듭된 흉년으로 인해 가족을 이끌고 모험의 이주를 했지만 거칠고 열악한 환경은 그들의 삶을 힘들게 했다. 가난과 배고픔은 여전했고 고향을 떠난 외로움과 고독은 이루 말할 수 없었다. 이들이 의지 할 것은 오직 하나님뿐이었다. 낮에는 일을 하고 밤에는 논골 예배당에 모여 기도하며 하나님에 대해 이야기하였다.

훗날 사람들은 이곳을 논이 많아 논골이라고도 하지만 하나님의 말씀을 이야기했다 하여 논골이라고도 한다. 이들의 신앙은 매우 열심이었고 예배당으로 모여드는 사람들도 늘어나기 시작했다.

이즈음 통영을 기점으로 섬 지역을 순회하며 복음을 전하기 시작한 호주 선교사 아담슨(Andrew Adamson, 한국 이름 손안로)를 만나게 되면서 논골 예배당을 증축하게 되었다. 이름을 논골 예배당에서 동항리교회라 하였는데 이때가 조선 개국 511년 광무 6년인 1902년이다.

필자는 1990년 8월 답사를 위해 욕지교회를 찾았을 때 교회 설립년도에 대해 25년 동안 의문과 호기심을 가졌는데, 그 실마리가 조금씩 풀리기 시작 했다. 이 오래된 호기심에 대한 결론을 짓기 위해 논골 예배당의 유무와 위치를 확인할 필요가 있어 2015년 2월 1일 다시 욕지도를 찾았다. 여객선 선착장에 내려서 면사무소를 뒤로 하고 언덕길을 약 15분 정도 오르면 제암 마을이 있고 다시 작은 산언덕을 넘어서면 논과 밭 그리고 수림이 울창한 청사마을이라는 조그만 동네가 나온다. 이곳을 사람들은 논골이라 부른다. 그러나 이곳에 120여 년 전의 논골 예배당이 있었는지 알 수가 없었다. 마침 이곳에 사는 강극연(82세) 할머니를 만나 귀한 증언을 들을 수 있었다. 다음은 강극연 할머니의 증언이다.

욕지섬 옆에 있는 노대도에서 열일곱 살에 시집 온 나는 평생 이곳에서 농사를 지으며 살고 있다. 시아버지는 나에게 논이나 밭일을 시킬 때엔 늘 '예배당 논에 가서 일을 해라' 또는 '예배당 밭에 가서 무엇을 가지고 오라고 시키곤 했다.' 그래서 나는 옛날 이곳에 예배당이 있었던 것으로 알고 있다.

호주 선교사의 집, 여성이 주인공이었다

갑오개혁 이전까지 한국의 교육은 서당, 향교, 성균관의 세 가지 교육기관들이 있었다. 이들 교육기관의 목표는 과거시험을 통해 나라의 일군을 뽑는 역할이었고 교육의 내용 역시 정치윤리의 기초가 되는 성리학이었다. 그나마 여성들은 교육을 받을 권리나 기회가 거의 주어지지 않았다. 1894년 이후에 유교적인 교육체제는 붕괴되기 시작하면서 근대적인 학교가 설립되기 시작했는데 내용도 인재등용에서 생활에 실제적인 도움을 주는 학문으로 변했다. 그러나 이러한 교육기관은 주로 서울에 집중되었다.

이러한 조선의 교육여건에서 개신교 선교사들은 교육을 통한 선교활동을 시작했다. 호주선교부의 초기 교육정책은 선교사들이 거주하는 지역에 소년, 소녀들을 위한 초등학교와 중등학교를 설립하는 것이었다. 고등교육을 계속해서 받고자 하는 학생에게는 평양에 있는 기독연합대학(숭실전문학교)과 서울에 있는 세브란스 의과대학에 보내었다.

1910년 결정한 호주선교부의 교육정책은 다음과 같다.

통영의 문화, 교육 그리고 여성운동의 산실이자 3.1운동의 본산지였던 근대식 호주선교사의 집으로 1910년대에 지어졌다.

1. 여자 초등학교를 5개 지부(부산, 마산, 진주, 통영, 거창)에 각각 하나씩 세울 것.
2. 선교지부 내에 여자 중학교 하나를 세울 것.
3. 선교지부 내에 남자 중학교 하나를 세울 것.
4. 대학은 세우지 않을 것.

당시의 교육환경에 있어서 남녀가 불평등하였는데도 불구하고 여성 교육 중심의 방침을 세우게 된 것은 개혁적이라 할 수 있는데 호주 선교사들이 볼 때 조선의 남존여비 사상의 폐단과 여성 교육의 중요성을 깨달았기 때문이다.

또 한 가지 빼놓을 수 없는 중요한 원인은 호주 빅토리아 주 안의 여전도연합회에서 선교사들을 파송하였기 때문에 여권신장에 주력하게 된 것이다.

이러한 선교사 파송 주체가 여성으로 구성된 여전도회라는 특수성 때문에 호주선교부가 경남지역 선교에 가장 많은 관심을 기울였던 것이 교육이었으며, 특히 관할 5개 선교지부마다 유아들을 위한 유치원 교육이 중요시되었다.

그리고 호주선교부가 부산과 경남지역에서 교육선교활동에서 괄목할 만한 성과를 거두게 된 데는 여자 선교사의 역할이 컸다고 볼 수 있다.

1889년에서 1942년까지 부산과 경남에서 활동한 호주 선교사들의 수를 보면 잘 알 수 있는데, 모두 78명의 선교사 중 남자 24명(31%), 여자 54명(69%)이고 이중 미혼 여성은 34명으로 43.6%를 차지한다. 이렇듯 약 3분의 2 이상을 차지하는 여성 선교사들의 헌신적인 교육으로 많은 인재들이 길러졌다.

호주선교부와 통영 근대 교육

지금도 인구 14만 명 정도밖에 되지 않는 작은 도시 통영에서 한국을 대표하는 수많은 예술가들과 지도자들이 배출된 것은 우리에게 자랑이기도 하지만 큰 궁금증이기도 하다. 이를 두고 대부분의 사람들은 통영의 아름다운 자연풍광 때문이라고 에둘러 설명을 한다. 과연 그럴까?

사실 이러한 설명은 충분치 않다. 사람들이 이렇게 말하는 것은 통영의 아름다움을 표현하기 위함이지 인재들이 길러진 원인을 말하려 함이 아님을 적어도 통영 사람들은 간파해야 하지 않을까. 필자는 이 궁금증에 대한 답을 통영의 역사에서 찾을 수 있었다. 첫째는 삼도수군통제영에 의한 한양의 문화와 문명이 통제사가 부임하는 통영별로를 따라 직접 유입이 된 영향이고 둘째는 통영 근대화의 산실 역할을 했던 호주 선교사에 의한 근대식 교육의 영향에 기인한다고 본다.

그러면 인재 육성에 결정적 요인이 되는 교육에 있어서 통영 최초의 근대식 교육은 언제부터 어떻게 시작이 되었을까? 이에 대한 답을 얻기 위해서는 1894년부터 1941년까지 통영에서 활동한 24

명의 호주 선교사 중에서 왕대선이라는 한국 이름을 가졌던 왓슨(R.D. Watson) 선교사를 주목해볼 필요가 있다.

그는 무어(E.B. Moore) 선교사와 함께 통영과 인근 섬들을 돌아보면서 이 지역에 교육기관이 절실한 것을 깨닫고 1911년에 한국에 온 그의 부인과 함께 이 지방 최초의 근대식 교육기관인 진명학원을 설립하였다. 그렇지만 정확한 설립연도는 알 수 없는데, 우리 지역의 여성독립운동가인 최덕지 선생의 재판 기록을 보면 대략적인 그 연도를 알 수 있다. 최덕지 선생은 1901년 6월 25일 통영 항남동에서 태어나 신사참배를 반대한 이유로 투옥되었다. 보안법 위반이라는 죄목으로 1945년 5월 18일 평양지방법원 예심계 조선총독부 판사 가네우다가나우(兼田峽)의 판결문을 보면 알 수 있다.

"최덕지가 통영군에서 출생하여 어려서부터 장로파 기독교에 입교하여 12세(1912년)에 통영진명학원에 입학하고 16세(1916년) 봄에 진명학원을 졸업하였다"라고 기록하고 있다.

그러므로 1912년 봄에는 진명학원에서 입학생을 모집하여 운영하였다는 것을 알 수 있다. 왜냐면 진명학원의 설립자 왓슨 선교사는 1910년 12월에 내한하였고, 부인 왓슨 선교사는 1911년 11월에 내한한 것을 볼 때 진명학원의 시작은 1912년 초기로 보는 것이 합리적이다.

왓슨 부인은 처음부터 보통학교(현 초등학교)의 설립을 의도하고 준비하였으나 조선총독부의 고의적인 교육 통제 방침 때문에 이루지 못했다. 그녀는 이후 다시 1915년 진명보통학교 설립허가원을 제출하였으나 개정사립학교 규칙이 정하는 기준에 맞지 않는다 하여 허가를 받지 못했다. 그러다가 1924년에는 학령기를 넘긴 여성들을 대상으로 한 야간학교를 설립하여 보통학교에 준하는 과목과 성경을 가르쳤는데 이것이 진명야학교이다.

여자 선교사들이 유난히 많았던 호주선교부는 교육과 여성 및 아동들에 대한 사회복지 활동과 정신적 가르침에 주력하였다. 1941년 일제에 의해 강제 출국 당하기까지 통영에서 활동한 선교사들은 모두 24명이었다. 이 중 남자는 10명, 여자는 14명이었고, 여자 선교사 중 4명은 결혼을 하였으나 나머지 10명은 독신이었던 것을 보면 여자 선교사의 역할이 이 지역에 끼친 영향력은 매우 컸다고 할 수 있다. 이와 같이 여자 선교사들의 섬세함과 약자에 대한 배려와 애정은 남자들이 따라 올 수 없을 만큼 탁월하였다.

당시 호주 선교사에 의해 설립된 학교를 보면 진명학원(1912년), 진명야학교(1924년), 진명유치원(1923년), 진명강습소(1923년), 도천야학교(1926년), 동부유치원(1928년) 등이다. 이 작은 통영에 6개의 다양한 학교가 세워졌고 이를 통해 수많은 인재들이 길러졌다.

왓슨 선교사 부부로부터 시작된 진명학원 등 여러 학교는 지금까지도 통영시민들의 기억 속에 '신 교장'으로 남아있는 스키너(A.M. Skinner, 한국 이름 신애미) 선교사가 1921년 부임해오면서 보다 구체적이고 체계적인 교육기관으로 발전하기 시작했다.

교육학을 전공한 그녀는 1940년까지 통영 선교부에서 활동하면서 진명유치원 원장으로 일했다. 그녀가 활동한 시기에 김춘수 시인이 진명유치원을 다녔는데 그때의 모습을 회상할 수 있는 시 한 편을 소개한다.

시詩 속의 풍경

호주 아이가
한국의 참외를 먹고 있다.
호주 선교사네 집에는
호주에서 가지고 온 뜰이 있고
뜰 위에는
그네들만의 여름 하늘이 따로 또 있는데
길을 오면서
행주치마를 두른 천사를 본다.
_ 김춘수, 〈유년시幼年詩〉

통영이 배출한 예술가들은?

지난번 글에서 한국을 대표하는 많은 예술가들이 통영에서 태어난 역사적 배경으로 근대사에서는 1894년부터 시작된 호주 선교사들의 기독교 전파와 근대식 교육을 들어 살펴보았다.

오늘은 또 다른 한 요인으로 근대 이전의 역사적 배경이 되는 통제영을 들어 살펴보고자 한다. 통영은 그 이름의 어원을 보면 알 수 있듯이 삼도수군통제영과 함께 발전해 왔다,

통영은 자연발생적으로 취락이 형성되어 도시로 발전된 곳이 아니고 통제영 이설에 따라 여황산 기슭에 특수목적으로 건설된 군사도시이다. 1604년(선조 37년) 삼도수군통제영이 설치된 이후 1896년 폐영될 때까지 290여 년간 조선 수군의 총본영으로 문무관을 비롯한 중요한 군사 행정의 집결지였다.

그러므로 토착민은 거의 없고 통제영 관아의 장졸(將卒), 이서(吏胥), 장인(匠人)들과 그 가족, 그리고 임진왜란 때의 유민들로 구성된 상민들이 대부분이었기에 애당초 양반계급은 있지도 않았다. 따라서 통제영 내에서는 계급에 의한 상하의 구분은 엄격했지만 일반 주민들에게는 구별이 없었다. 또 군사도시답게 무인들이

많아 그 영향으로 사람들의 기상이 호방하고 불의를 용납하지 않으며, 거친 바다를 삶의 터전으로 삼고 사는 사람들이 대부분이라 자유분방한 기질이 강했다. 무엇보다도 배타적이면서도 진취적이며 도전적인 통영 사람들의 기상이 딴 고장의 사람들이 낯선 것에 대한 두려움으로 움츠리고 있을 때 선진문물과 문화를 과감하게 받아들이고 소화해내었다.

16세기 초기 통영은 이름 없는 작은 어촌에 불과했지만 풍부한 수산자원으로 인해 일본의 어업 수탈이 잦았고 대륙으로 진출을 꿈꾸던 일본과의 군사적 마찰이 많았다. 임진왜란과 함께 삼도수군통제영이 설치되면서부터 군사도시로서의 면모를 갖추기 시작함에 따라 중앙으로부터 행정, 예술, 군사, 공방, 궁중 문화 등 중앙의 각종 문물과 인적 자원이 한양으로부터 직접 유입되면서 점차 발전해 나갔다.

조선 후기 김정호의 대동지지(大東地志, 1864)에 보면 조선의 10대로(大路)라 하여 한양에서 조선 8도에 군사, 행정, 경제적으로 중요한 10개의 대동맥과 같은 길을 명시하였다. 그중 한양에서 통영의 통제영에 이르는 '통영별로'가 있었는데, 이 통영별로를 약칭하여 '통영로'라 하기도 했고 삼도수군통제사가 한양에서 통영으로 부임해오던 길이라 하여 속칭 '통제사 길'이라고도 했다.

이러한 연유로 인하여 약 400여 년이 지난 지금도 통영은 과거 조선 수군 총본영의 영향이 남아 있어 통영 12공방을 비롯한 많은 유형무형 문화재가 존재하고 있다. 이러한 요인들은 근대로 넘어

오면서 기독교 선교사들이 전하는 외세문화를 빠르게 수용하게 하였다.

통영은 한반도에서 기후가 가장 온화하고 자연풍광도 수려하다. 관광, 레저, 휴양, 여행 등 삶의 질을 추구하는 현대인들에게는 갈수록 각광을 받는 도시로 발전해나갈 많은 요소들을 두루 갖추고 있다. 그 무엇보다도 보배로운 것은 다른 어느 도시도 따라올 수 없고 흉내 낼 수 없는 구국의 역사가 숨을 쉬고 있고 문화와 예술이 아름다운 자연과 어우러져 시와 그림과 음악을 만들어낸다.

이제는 통영을 찾는 사람들이 "왜, 통영에는 한국을 대표하는 많은 예술가들이 태어났는가?"라고 묻거든, 더 이상 "음~ 자연풍광이 아름다워서…"라고 얼버무리지 않기를 바란다.

호주선교부의 의료정책

통영의 근대화에 있어서 호주 선교사의 활동을 빼놓을 수 없다. 오늘날 한국이 100여 년 전 우리나라와 같은 열악한 환경의 나라에 가서 활동하고 있는 선교사의 수는 약 2만 6천여 명으로 세계 2위의 선교 국가가 되었다.

호주 선교사들이 한국에 와서 가장 먼저 행한 것은 지역연구였다. 그들은 우선 활동할 지역을 대상으로 가장 시급한 것(Need)이 무엇이며 또한 그 지역민이 가장 필요로 하는 것(Want)은 무엇인지를 집중적으로 연구하였다. 당시 통영뿐만 아니라 우리나라에서 가장 절실한 것은 의료와 교육이었다.

1913년 호주장로교 통영 선교부가 설치될 당시 통영에는 서양 의사나 병원이 전혀 없었다. 통영지방은 지리적 특성상 해양성 질병과 전염병 환자들 그리고 각종 피부병을 앓고 있는 사람들이 많았다. 특히 섬 지역에는 의료혜택이라고는 전혀 받을 수 없는 상황이었다. 이럴 즈음 호주에서 온 의사 테일러(Dr. Taylor) 선교사가 통영 선교부에 배속이 되면서부터 비로소 최초의 근대식 의료 활동이 이루어졌다.

그는 1914년 통영에 진료소를 설립하여 시약과 진료를 하고 그의 부인은 어린아이들의 위생, 건강, 영양에 역점을 두어 진료소를 운영했다. 또한 그들은 배를 타고 여러 섬들을 정기적으로 순회하면서 낙도 오지의 주민들을 위한 진료를 하기도 했다.

1916년에는 통영에서 가까운 섬에 한센병 환자들을 위한 병원을 설립하기로 하고 호주장로교 본부의 승인을 얻었으나, 일제의 방해로 허가를 얻지 못하여 결국 병원 설립이 무산되는 아픔을 겪었다. 그러나 그들은 이에 굴하지 않고 1919년에는 소규모의 병원을 설립하고자 신청서를 내었는데 사실상 금지나 다름없는 과중한 세금을 부과하는 방법으로 방해를 하여 이마저도 허가를 얻지 못하였다. 그러다 1921년에는 입원실이 2개인 치료원을 개설하여 운영하였다.

이후 1928년 트루딩거(M. Trudinger) 선교사 부부가 통영 선교부로 부임해 왔는데 그의 부인은 유능한 간호사로 통영 사람들의 건강을 위해 열정적으로 헌신하였다. 특히 그녀는 어린아이와 어머니를 위한 건강 상담소를 개설하여 성공적으로 발전시켰다. 그녀는 이에 만족하지 않고 여성 특유의 모성애와 섬세함으로 진명학교의 학생들을 지도하며 도움을 청하는 지역에 가서 의료 활동을 하기도 하였다. 특히 그녀의 두드러진 의료 활동 중 하나는 어머니들과 아이들을 위한 통영 최초 아동복지 진료소를 개설하여 상담과 진료를 병행하여 운영하기도 했다.

호주장로교 선교부는 경남지방의 5개(부산, 마산, 진주, 통영, 거창) 선교부와 함께 교육과 의료를 통하여 효과적인 기독교 선교활동을 하였다. 호주선교부의 특성이 여성 선교사가 많이 와서 활동한 까닭에 여성과 교육 선교는 괄목할 만큼의 많은 열매를 맺었지만 이에 비해 상대적으로 의료 활동에는 미진하였다고 할 수 있다.

그것은 초창기 호주 선교사 중에서 의료선교사로 의사가 4명, 간호사가 3명뿐이었다. 그 이유는 당시 호주장로교가 의료 활동을 활발히 전개할 만큼 재정이 넉넉하기 못하였기 때문이다. 그래서 경남의 넓은 지역 중에서도 부산의 일신병원과 진주의 배돈병원이 유일한 병원이었다.

통영 만세운동의 효시

해마다 봄이 오는 길목에 서면 겨우내 움츠렸던 가슴 속의 울분이 꽃망울처럼 터지려는 아픈 기억이 되살아난다. 여린 새순 같은 여성의 숨결이 스며든 민족적 서사시를 떠올리게 한다.

일제의 탄압으로부터 해방을 쟁취하기 위한 독립 만세운동의 효시가 된 유관순 열사가 그렇고 통영의 만세운동 역시도 진명유치원 교사였던 여성들에 의해 이루어졌다. 일제의 탄압이 대한제국을 지배하던 암울했던 시대 연약한 여성들이 일어날 수 있었던 그 힘의 원동력은 어디서 나왔을까?

그것은 당시 서양 선교사들에 의해 여성들에게도 배움의 기회를 공평하게 주었던 근대식 교육의 결과였다. 그 교육은 민족운동의 근원이 되기도 했지만 해방 후 한국 근대화와 산업화의 원동력이 되기도 했다.

억압과 탄압으로부터 자유와 해방을 향한 민족적 거사 3.1만세운동! 한반도의 남쪽 끝, 통영에서는 만세운동이 어떻게 일어났을까?

경성에서 배재고등보통학교를 다니던 진평헌이 귀향하여 통영

읍에서 만세운동을 일으키기 위해 양재원, 권남선, 김형기, 배익조, 모치전, 강세제, 이학이, 허장완, 서상호, 최천, 박중한, 김종원, 신수동 등과 함께 당시 통영기독교 청년 회장이던 박봉삼을 찾아가 자문을 받고 각계의 동지들에게 연락하였다. 이들 중에서 박봉삼과 권남선은 대화정교회(현 충무교회) 교인이었고, 이학이, 강세제는 미수교회 교인이었다.

이들은 1919년 3월 13일 남망산 공원에서 거사할 것을 결의하고 준비에 착수하였다. 박봉삼, 서상호, 양재원, 김종원, 강세제 등은 남망산 광부 450명과 도산면 광부 170명을 인솔하여 참여하기로 하고 최천, 박중한 등은 시내 각 포목상 상인들에게 태극기를 제작토록 하며 기독교 신자들을 동원하는 등 각자 책임을 분담하였다.

3월 9일 이들은 독립선언서를 등사할 종이를 구하기 위해 김형기가 일본인 나까무라 상점에서 미농지 2천 장을 구입하고, 이학이, 강세제, 허장완 등은 통영면사무소와 산양면사무소에서 등사판을 훔쳐 준비 작업에 착수하였다. 그러나 독립선언서를 입수하지 못해 진평헌이 작성한 '동포에게 고하노라'는 격문 1,200장을 등사하고 태극기도 수백 개 만들었다.

다음날 10일 새벽 1시 30분쯤 강세제, 허장완, 이학이 세 사람은 통영면사무소에 등사판을 갖다 놓으려고 갔다가 잠복해 있던 경찰에 체포되고, 나머지 여섯 사람은 새벽 3시쯤 인쇄물을 산양면에서 시내로 운반하다가 검거되었다. 비상경계를 펴던 일본 경찰의 정보망에 나까무라 상점에서 종이를 대량으로 구입한 것이 포착되어 거사도 하기 전에 모두 체포되었다.

통영읍에서의 첫 항일만세운동이 이처럼 허무하게 무산될 위기에 처할 무렵 우여곡절 끝에 진명유치원 교사 세 사람에 의해 결국은 거사로 이루어졌다. 문복숙은 호주 선교사가 세운 부산 일신여학교를 졸업하고 김순이와 함께 통영호주선교부의 진명유치원 교사와 기숙사 사감으로 부임하여 일신여학교 3년 선배인 양성숙과 함께 어린이들을 가르쳤다.

이들은 경성에서 3.1 만세시위가 일어났음을 알고 통영에도 만세운동을 위해 의논하고 있던 중이어서 자연히 당초의 거사 계획은 이들 세 처녀 교사들에 의해 비밀리에 준비되었다. 대화정교회에 출석하던 문복숙, 양성숙, 김순이는 후일 한국 최초의 여성 목사이며 독립운동가인 최덕지의 도움을 받아 태극기를 만들어 미수교회 하강진 영수를 통해 통영지역 주민들에게 은밀하게 배부하였다. 의거를 준비하던 남자 9명은 모두 체포되었지만 만세시위는 일찍이 근대식 교육을 받은 여성들에 의해 실행에 옮겨졌다.

문복숙을 비롯한 세 처녀 교사들은 가슴이 떨렸지만 기도하는 중에 3월 13일 통영 장날을 맞았다. 이들은 중앙시장을 향해 천천히 발걸음을 옮기기 시작했다. 중앙시장은 고성 쪽에서 온 장꾼들과 각 섬으로부터도 배를 타고 오는 장꾼들이 모여들기 시작했다. 이날따라 장꾼들은 평소 장날보다 3배가 넘는 많은 사람들이 북적대기 시작했다.

한창 물건을 고르고 흥정을 하는 소리가 높아질 즈음인 11시 30

분경 장날 분위기를 예의 주시하며 기회를 기다리던 문복숙이 신호를 보냈다. 주변에서 기다리고 있던 나머지 두 명의 교사들은 일제히 숨겨 갖고 왔던 태극기를 양손으로 높이 휘둘리며 "대한독립만세!"를 목이 터져라 외쳤다. 이들 세 처녀 교사들이 대한독립만세를 선창하면 장터에 모였던 수많은 군중들과 장꾼들이 호응하며 열광적으로 만세를 따라 외쳤다. 군중 속에는 태극기를 높이 휘두르는 사람들도 있었지만 대부분의 사람들은 맨손을 들고 만세를 외쳤다.

통영장터는 삽시간에 만세 소리로 들끓었고 일본 경찰이 달려와 이들 세 교사들은 체포되어 부산의 감옥으로 옮겨져 6개월의 모진 옥고를 치렀다. 이들이 옥중 생활을 할 때 간수가 문복숙에게 옥중 감상을 묻자 종이와 펜을 달라고 하여 이렇게 썼다.

너희가 태산을 떠다 옮겨 놓을 수 있을지언정 태산같이 움직이지 않는 우리의 마음은 따 옮기지 못할 것이며 또 너희가 강철은 굽힐 수 있으나 강철같이 굳센 우리의 마음은 굽힐 수 없다.

통영 청년단과 자주독립운동

통영을 비롯한 부산·경남 지방에 번지기 시작한 만세운동은 호주 선교사들이 세운 교육기관을 통하여 조선인을 향한 자주독립쟁취에 대한 당위성과 의식을 깨우는 것이 중요한 동기부여가 되었다. 진명유치원 여교사 세 명의 용기와 결단이 시발점이 되어 일어난 통영 만세운동은 이후 세 번에 걸쳐 더 일어났다.

그러나 이러한 과정을 거치면서 통영 청년들에게는 항일민족운동에 대한 새로운 자각이 움트기 시작했다. 통영 만세운동을 주도한 사람들 대부분은 대화정교회(현 충무교회)에 출석하는 청년들이었다. 그들은 3.1 만세운동에서 의거, 체포, 구금, 투옥으로 이어지는 과정의 반복이 능사가 아님을 깨달았다. 자주독립을 쟁취하는 데 있어서 만세 시위만으로 되는 것이 아니라 근본적이고도 실질적인 도움이 될 무엇인가를 찾기 시작했다.

그 결과 송정택의 사랑방에 청년들이 모여 몇 차례 숙의를 거듭한 끝에 자주독립을 쟁취하기 위한 체계적이고 조직적인 단체가 필요하고 이를 통해 젊은이들에게 민족의식을 일깨워주는 것이 절실함을 확인했다. 1919년 7월 21일 청년 341명의 회원을 모아 마침

내 '통영청년단'을 창단하고 초대 단장에 박봉삼을 추대하였다.

박봉삼은 1875년 통영 서호동에서 태어나 대화정교회 교인으로 1915년 통영기독청년회 회장이 되어 각종 집회나 강연 등을 통하여 자주독립사상을 일깨웠고 1919년 3월 13일 통영장날 만세의거 계획이 무산되려고 할 때 진명유치원교사 세 사람과 함께 만세운동을 성공적으로 이끌었던 실질적인 지도자 역할을 했다.

자주독립을 위한 통영청년단이 나아갈 진로가 설정되자 일은 급속도로 진행되기 시작했다. 하지만 이들의 이상은 높았으나 단원들의 구심체가 될 사무실도, 사업을 시행할 기금도 없는 열악한 형편이었다. 그러한 와중에 어느새 청년단의 사무실처럼 되어버린 송정택의 사랑방에서 의논을 거듭한 결과 단원 수를 늘리고 청년회관 건립을 위한 모금운동을 펼치기로 했다. 이러한 노력으로 지방유지 130여 명이 기금 출연을 약속하고 이영재가 대화정 238번지의 남새밭 254평을 회관 건립 부지로 선뜻 내어놓았다.

청년회관 건립 부지가 확보되자 청년단은 활기를 띠기 시작했다. 몇 해 전 호주 선교사 집 두 채를 지었던 중국인 기술자들을 불러 터를 고르고 기초를 다지기 시작했다. 이 사실을 안 일본 경찰은 마침 문화정책을 표방하던 때인지라 직접적인 탄압은 피하고 모금에 대한 방해공작을 끈질기게 획책했다. 때마침 많은 사람들이 항일운동 사건에 연루되어 구금되거나 타지로 피신하는 사태가 연달아 일어나면서 모금운동은 지지부진하게 되었다.

이러한 여건 속에서도 박봉삼, 방정표, 양재원, 박성숙, 양기수,

강진호, 신수동 등 유학생 출신들은 악단(브라스밴드)을 조직하여 시가지를 행진하면서 북치고 나팔 불며 동참을 호소하고 민족의식 고취에 힘을 다했다. 나중에는 방정표가 일본에 가서 활동사진 영사기와 서양영화를 가져와 회관건립기금 모금을 위해 전국을 순회하면서 영화 상영을 시작했다. 그들의 이러한 노력에도 불구하고 모금 사정은 좋아지지 않고 착공 3년이 지나도록 완공을 하지 못하였다.

그렇지만 이러한 고난의 세월 속에서도 통영청년단은 결코 해체되거나 일을 중단하지 않고 강습소를 열어 충렬사와 동부유치원을 전전하며 배움에 목마른 청소년들에게 신학문과 민족의식을 심어주기 위한 강습을 꾸준히 이어나갔다.

제3대 단장을 맡은 임철규는 부진한 회관 건축을 위해 물심양면으로 전심전력하였다. 그는 사재를 털어 건축비를 충당하였으나 그래도 부족하자 문중의 전답까지 잡히고 돈을 마련하여 기어코 회관 건립을 완성하였다.

드디어 대지 254평에 연건평 120평의 2층 벽돌양옥으로 된 '통영청년단회관'이 3년여의 공사 끝에 마무리되었다. 준공식을 하던 1923년 11월 18일은 통영군민들의 대축제일이 되었고 자주독립을 향한 염원은 한층 더 뜨겁게 타올랐다.

여성 지도자 최덕지와 항일 민족운동 1

봄이 오는 소리가 들려온다. 우리에게 3월은 겨울이 가고 봄이 오는 자연의 순환법칙처럼 미래와 소망을 갈구하는 민족적 서곡이기도 하다. 자주독립을 향한 염원과 울분이 3월의 만세운동으로 점화되자 전국 곳곳에서는 동시다발적으로 걷잡을 수 없이 전개되었다.

대부분의 대화정교회 청년들과 진명유치원 교사로 시작된 통영 만세운동은 통영청년단을 통해 보다 더 조직적이고 대중화되어 나아갔다.

통영은 여타 지역과 비교했을 때 교육열이 상당히 높았다. 이러한 교육열은 남자들에게만 국한된 것이 아니라 남녀 공히 마찬가지였다. 이러한 여성교육을 통해 통영을 넘어 우리나라 근대사에 있어서 항일민족운동에 중요한 역할을 하였던 최덕지는 한국 최초의 여성 목사이기도 하다.

그녀는 1901년 6월 25일 통영군 길야정(현 서호동)에서 부친 최익문과 모친 김처녀의 사이에 무남독녀로 태어났다. 아버지는 통영 갓을 만드는 장인으로 그녀의 집은 언제나 어수선하였다. 어머니는 독실한 기독교 신자인 외할머니 서 씨의 영향으로 대화정교회(현 충무교회)에 출석을 하였으므로 최덕지는 자연스레 어머니를 따라 어릴 때부터 신앙생활을 하였다. 그녀의 성장 과정이 기독교의 영향 아래에 있었기 때문에 일찍이 호주 선교사가 세운 진명학교에 입학하여 근대식 교육을 받게 되었다. 그녀가 4학년 졸업반이 되었을 무렵 어머니는 35세의 꽃다운 나이에 세상을 떠났다.

진명학교를 졸업한 그녀는 마산 호주선교부가 세운 의신여학교 고등과에 입학하였다. 이 무렵 아버지는 재혼을 하였으나 재혼한 지 4년 만에 돌아가시자 고아와 같은 신세가 되었다.

마산 의신여학교를 졸업한 최덕지는 19세가 되던 해인 1919년 진명 유치원 교사로 부임하였다. 이 유치원 원장은 지금도 통영사람들에게 '신 교장'으로 기억되고 있는 호주 선교사 스키너(A. M. Skinner, 한국이름 신애미)였다. 최덕지는 어린아이들의 가슴에 애국심과 신앙심을 심어주었다.

1920년 그녀는 고성군 거류면 은월리 출신으로 일본 동경 명치대학 법과 재학생인 김정도와 결혼했다. 시아버지 김명도는 영수(현 장로)이고 시어머니 정찬영은 집사로 독실한 기독교 집안이었다. 1924년 첫딸 혜주를 낳는 기쁨도 있었지만 그해 여름 남편은 열병으로 갑자기 세상을 떠났다. 이러한 환경은 그녀의 신앙을 더욱 더 견고하게 하는 계기가 되기도 했다.

진명유치원 원장인 스키너 선교사는 최덕지의 신앙과 절개 있는 애국심에 감복되어 그녀가 지방에서 유치원 교사로 있을 인물이 아님을 알고 평양여자신학교에 보내어 공부를 지속하도록 하였다.

1935년 4월 평양신학교를 졸업한 후 마산 지방 전도사로 부임을 받고 창원, 함안, 창녕, 의령 등에 있는 83개 교회를 돌아보며 기독교 복음을 전하며 동시에 민족의식을 깨우치는 일에 전력을 다했다.

1938년 9월 9일 예수교 장로회 제27차 총회가 신사참배를 가결시키자 전국 곳곳에서는 신사참배 반대 운동이 일어나기 시작했다. 항일민족운동과 교육에 전념하던 최덕지 전도사는 신사참배 반대 운동을 하던 중 1940년 4월 9일 일본 경찰에 검속되었으나 26일에 풀려났고 다음 날인 27일에 2차로 검속되어 모진 고문을 당한 후 석방되었다.

석방이 되자마자 그녀는 신사참배 반대 운동을 더 강하게 전개하여 나갔다. 1942년 8월에는 3차로 검속되었다. 그녀가 여러 차례 검속되었다가 풀려나기를 반복하는 동안 교회들도 경찰의 억압으로 인해 어려움은 더해 갔고 신사참배뿐만 아니라 동방요배까지 시행되었다. 그녀는 이 동방요배 강요에도 항거하여 반대 운동을 이어나갔다.

최덕지는 4차 검속으로 경남도경 감옥에 수감 되었다가 1943년 평양형무소로 옮겨졌다. 당시 평양 형무소는 전국에서 압송되어 온 신사참배 반대운동을 한 기독교인들의 집결지로서 유명했다. 이곳에서 최덕지는 모진 고문으로 죽음의 사선을 넘나들던 중 1945년 8월 15일 해방을 맞이하였고, 석방된 17일까지 6년여 동안 옥중에서 지내며 독립운동을 위한 투쟁을 멈추지 않았다.

여성 지도자 최덕지와 항일 민족운동 2

민족주의 여성운동가들 중에서 기독교 여성들은 농촌여성운동과 절제운동에 주력하였다. 하지만 1937년 중일전쟁 이후 일제의 탄압이 극에 달하여 어떠한 운동도 할 수 없는 처지에 이르렀다. 그러나 최덕지는 이러한 상황에도 아랑곳하지 않고 오직 한 길을 걸어간 인물이다.

그녀는 여성 지도자로서 해방 전에는 일제에 항거하며 자주독립운동과 교육에 전념하였고 해방 후에는 교회에서 여성들의 지위향상과 일제의 신사참배에 끝까지 반대한 인물들을 중심으로 순수했던 옛 신앙을 회복한다는 의미로 재건교단의 설립에 지대한 영향을 끼쳤다. 그녀의 이러한 굽힐 줄 모르는 강인한 민족적 여성의식은 어떻게 형성이 되었을까?

첫째로 최덕지의 민족의식 형성에 영향을 끼쳤던 요인은 거주지 주변의 상황이었다.

그녀가 출생하고 어린 시절을 보냈던 길야정(현 서호동)은 일본인들이 가장 많이 거주하였고 유곽이 형성되어 있던 지역이다. 지금도 이곳을 청노 골목이라 부르는데 유곽이 형성된 것은 정확하게 언제인지는 모르나 통영에 거주하는 일본인들이 증가하면서 만들어졌던 것으로 보인다.

1900년 12월말 통영 거주 일본인은 1명이었으나 1915년에는 2,127명으로 늘어났다. 이 일대는 일본인 증가와 함께 술집들이 들어서게 되는데 1912년 8월 16일 경상남도 경무부령과 1916년 총독부 경무총감 부령 제 4호에 '대좌부창기취체규칙'(貸座敷娼妓取締規則)에서 매춘하면 창기, 매춘하지 않으면 예기, 작부로 명칭을 분명히 했기 때문에 길야정의 창기는 일제에 의한 공창이었다. 또한 각도 경찰서장은 지정한 장소에서만 공창 영업을 할 수 있도록 규정한 것을 보면 알 수 있다. 따라서 일본인들이 이주해 오면서 이곳 일대를 중심으로 서서히 형성되던 유곽이 1920년대에 들어서면서부터 집창 지역화한 것으로 볼 수 있다.

최덕지는 이처럼 일본인들이 많이 거주하고 유곽이 형성되던 지역에서 성장하면서 당연히 민족적인 문제, 특히 여성의 문제를 느꼈을 것이다. 이는 그녀의 평생 기도 제목이 '인신매매 공창 폐지'였다는 것을 보면 그녀가 길야정에서 무엇을 보고 느끼며 성장했는지를 단적으로 보여주는 증거라 할 수 있다.

두 번째로 그녀의 민족적 여성의식 형성의 배경이 된 것은 호주 선교사를 통한 기독교와의 만남이었다. 당시 기독교는 이스라엘 민족이 겪었던 노예생활의 고통과 억압의 역사가 한민족의 역사와 동병상련의 아픔으로 동질화되었고 울분과 억압을 하나님께 기도로 부르짖으며 소망을 갖게 하는 유일한 비상구였다. 그래서 많은 젊은이들은 교회로 모여들었고 최덕지는 교회에서 민족운동을 하는 인물들과의 교제를 통해 지도자로 다듬어져 갈 수 있었다. 그 정점이 되는 곳은 대화정교회(현 충무교회)와 마산 의신여학교였다. 이 시기에 그녀는 일제강점기 민족운동에 투신했던 기독교인들 즉 박봉삼, 권남선, 문복숙, 김순이, 양성숙, 진평헌, 박중한, 최봉선, 강상은, 박열순, 최상림 등을 이 교회에서 만났다.

세 번째로는 호주 선교사가 설립한 진명학원에서의 교육을 들 수 있다. 최덕지는 12살 되던 해인 1912년 진명학원에 입학하였다. 이 학교는 왓슨(R.D. Watson) 선교사에 의해 설립되었는데 1915년 보통학교로 등록하려 했으나 일제에 의해 거절당하자 1921년 진명강습소로 개칭하여 주간부, 야간부, 산업반 등을 두어 통영 여성들에게 근대적인 교육을 받게 하였다.

최덕지도 이 학교에서 4년간 교육을 받으며 민족적인 여성의식을 싹 틔우게 되었고 졸업 후 마산 의신여학교 고등과에서 공부하며 교사인 박순천을 만나 민족의식을 강화시켰다.[*]

---

[*] 참고문헌: 윤정란, 『일제강점기 최덕지의 민족 운동』.

여성 지도자 최덕지와 항일 민족운동 3

통영은 다른 지방에 비해 교육열이 높은 편이었는데 특히 여성들에 대한 교육열은 유달리 높았다. 최덕지는 교회 조직을 통한 여성과 어린이 교육, 유치원 설립과 야학으로 민족적 여성교육 운동과 자주독립의식을 심는 데 주력하였다.

통영의 민족여성운동 단체 중 중심적 역할을 했던 통영부인회는 최덕지를 비롯한 대부분 기독교인들로 구성되었는데 1928년 8월 24일 대화정교회에서 30여 명이 모여 설립하였다. 이들은 야학을 개설하여 교육을 통한 민족의식을 심어주었고 당시엔 생소하였던 기술교육을 가난한 여성들에게 가르쳐 여성의 사회적, 경제적 역할을 도모하였다. 일본 경찰의 집요한 간섭과 방해로 침체기를 겪기도 했지만 이들의 활동은 시간이 갈수록 빛을 발하였다. 또한 최덕지는 애국부인회의 총무로 활동하면서 독립자금을 비밀리에 모금하여 상해 임시정부로 보내는 중요한 역할을 하기도 했다.

이러한 그녀의 철저한 민족 여성의식이 강화되는 데에 있어서 내적으로는 남녀가 평등해지고 나라가 독립을 쟁취하기 위해서는 여성도 교육을 받아야 한다는 신념이 있었고, 외적인 요소로는 민족적 여성교육을 목표로 세워진 마산 의신여학교에서 공부와 교사인 박순천과의 만남이었다.

1898년 경남 동래에서 태어난 박순천의 본래 이름은 박명련이었다. 그녀는 학생들에게 민족적 여성의식을 강하게 심어주었다. 1919년 3월 22일 만세운동으로 경찰에 체포되었다 풀려난 후부터는 이름을 박순천으로 바꾸면서까지 활동을 지속하였다. 최덕지는 학교의 방침과 박순천의 영향을 받아 민족적 여성의식이 더욱 강화되었다. 이러한 과정을 거치면서 민족적 인물로 성장한 그녀가 통영 진명유치원 교사로 부임하면서 통영만세 운동에도 핵심적인 역할을 하였다. 부산과 경남 지역의 만세운동은 1919년 3월 11일 부산에서부터 시작되어 3월 13일 동래, 창녕, 밀양, 통영, 3월 14일 의령, 3월 17일 함안, 3월 18일 합천, 진주, 하동으로 이어져 나갔다.

통영에서 교육과 자주독립운동 그리고 여성 운동은 대부분 기독교인들이 주축을 이루었다. 최덕지는 기독교인들뿐만 아니라 일반 통영민들과도 함께 항일운동과 여성운동을 전개하였는데 거의 모든 단체에서 중요한 역할을 맡았다. 당시 통영에는 항일비밀 단체로 혈성단과 상해독립단 통영원조회가 조직되었는데, 이중 혈성단은 남성 중심적인 단체였던 반면, 상해독립단 통영원조회는 여성 중심의 단체였다.

1920년대 들어 최덕지는 진명유치원 교사로 있으면서 민족과 통영의 현실에 대해 많은 고민을 하였다. 갈수록 심해지는 일본경찰의 감시와 탄압은 여성운동을 침체로 빠뜨렸고 설상가상으로 통영주민들의 생활고는 갈수록 악화되었다. 특히 1928년부터 1931년까지 장기간 계속된 한발로 인해 통영 부둣가엔 부산을 거쳐 일본으로 가려는 사람들이 매일 100여 명씩 모여들었다고 한다. 이러한 상황에서 20대 초반의 최덕지는 기독교인으로서 어떠한 삶을 살아야 할지에 대해 많은 고민을 했다.

이럴 즈음 이용도 목사가 부흥회를 인도하기 위해 대화정교회(현 충무교회)에 왔다. 1931년 10월 6일부터 1주일 동안의 부흥집회에서 최덕지는 이용도 목사로부터 깊은 감화를 받았다. 이용도 목사는 당시 북간도를 비롯한 전국의 교회를 대상으로 수많은 부흥회를 인도했는데 성경의 역사에서 이스라엘 민족이 겪었던 고통과 아픔을 암울한 식민지 한국의 상황에 비춰 보면서 기독교가 짊어지고 나아가야 할 민족적 사명에 대해 설교하였다.

그는 가는 곳곳마다 많은 사람들에게 위로를 주고 민족적 사명의식을 던져주었다. 민족의 장래를 고민하던 최덕지에게는 민족의식과 사명감에 불길을 당기는 계기가 되었다. 이용도 목사가 부흥회를 마치고 경남 사천으로 갈 때 최덕지는 그곳까지 그를 따라갈 정도로 깊은 감동과 사명감에 도전을 받았다. 공덕귀(제4대 대통령 영부인)는 최덕지에 대해 그날의 모습을 이렇게 회고했다.

한 주일의 집회가 끝나고 이 목사는 사천으로 떠났다. 많은 분들이 그를 따라 사천으로 갔다. 그중에는 저 유명한 최덕지 선생도 끼어 있었다. 나도 어른들 틈에 끼어 따라나섰다.

송정택의 사랑방, 통영 독립운동의 근거지

대한제국의 근대화는 서구 열강들이 각축을 벌였던 일제강점기와 그 시기를 같이 한다. 통영호주선교부가 통영근대화의 산실 역할을 하였다면, 자주독립을 쟁취하기 위한 통영 청년들의 활동 근거지는 송정택의 사랑방이라 할 수 있다. 통영만세운동 이후 일본 경찰의 삼엄해진 감시를 피해 청년들이 한곳에 모여 민족의 장래와 독립에 대한 새로운 진로를 찾고자 고심하며 활동하는 데 있어서 구심점이 되었던 곳이기 때문이다,

송정택은 1885년 5월 20일 광도면 안정리 1665번지 상촌에서 태어났다. 호는 춘암이며 명필가로 서예에 능한 선비이고 유학자였다. 그는 한 해 약 8천 석을 추수하는 대지주로서 안정리 일대의 상촌, 중촌, 하촌과 동해면, 거류면, 한실 등 여러 곳에 넓은 논들을 소유하고 있었다.

인심이 후덕하고 덕망이 높아 소작인들과 주민들로부터 존경을 받았던 인물이다. 당시 소작인과 지주의 분배가 4:6이었으나 가뭄이나 홍수로 인해 흉년이 들어 소출이 줄어들면 그 비율을 6:4로 하여 소작인의 어려운 형편을 도와 소작료를 저감하여 주었다. 이

렇듯 사람을 존중히 여기는 그의 인품과 가난한 소작인에게 베푸는 인정이 남달리 많았다. 이에 감동한 소작인들이 십시일반으로 돈을 거두어 송덕비를 세웠는데 자신이 살고 있는 안정리는 물론 죽은 이후에도 무덤에 세우지 말라고 하였다.

그는 안정리에서 통영읍 북신리 215번지로 거주지를 옮기면서 통영청년단과 교유하며 민족과 독립에 대한 열망을 가지고 헌신적인 활동을 하였다. 갈수록 일제의 탄압과 전쟁물자 조달을 위한 수탈은 심해져 가고 만세운동에 가담한 사람들에 대한 감시의 눈빛도 살벌해져가는 시기에 통영의 청년들이 자주독립에 대한 열의와 헌신을 잃지 않고 다짐하게 하는 데 있어서 사랑방의 역할은 실로 컸었다.

그런데 통영 청년들이 모여 자주독립을 의논하고 활동을 도모한 송정택의 사랑방은 어디일까?

대부분의 사람들은 문화동 86-1번지 현재 문화유료주차장 터를 송정택의 사랑방이라 알고 있다. 그러나 송정택의 손자인 송종설(69세)에 의하면 사랑방은 문화동 86-1번지가 아니라 북신동 215번지 한옥 기와집이라고 한다. 왜냐면 송정택의 삼남인 송두영(송종설의 부친)이 북신동 215번지에서 통영만세운동이 일어난 해인 1919년에 태어났기 때문에 문화동일 수가 없다는 것이다. 그러면 우리가 알고 있는 문화동 86-1번지의 한옥집과 송정택과는 어떤 관련이 있는 것일까?

송종설의 증언에 따르면 일제가 삼도수군통제영 경내에 있던

12공방을 훼파하고 부술 때 이를 본 할아버지 송정택이 안타깝게 여기고 부서져버린 공방의 오래된 목재를 구입하여 문화동 86-1번지에 한옥을 지었다고 한다.

해방 후에는 송정택을 비롯한 읍내 유지들이 모여서 일제에 의해 훼손되어 있는 착량묘를 보수공사하기로 의논하였다. 이때 송정택은 세병관 운주당 뒤편에 있던 일본 신사 건물을 부수고 돌을 가져와 착량묘 마당에 깔아 밟고 다니자고 제안을 하였다. 이와 함께 석공, 인건비, 운반비 등 일체의 비용을 송정택이 부담하기로 하고 쌀 50가마를 선뜻 내어놓기도 했다.

일제의 억압과 착취가 우리에게 얼마나 큰 상처로 남았는지 충분히 헤아릴 수 있다. 자유를 쟁취하기까지 선조들이 흘린 피와 눈물이 민족적 서사시로 읽혀지는 3월이다.

이제는 민족의 가슴에 울분과 억압이 트라우마처럼 남아있는 어둡고 무거운 3월의 글을 마치고 꿈과 희망을 노래하는 봄의 서곡과 함께 4월의 글을 쓰고 싶다. 여기저기서 겹겹이 쌓인 껍질을 헤집고 나오는 새싹과 꽃망울 터지는 소리가 요란하다.

제4대 윤보선 대통령 영부인 공덕귀와
신애미 교장

4월을 기다렸다. 꽃처럼 화사하고 새싹처럼 영롱한 봄의 노래가 판데목 건너 해피에서 게발(조개잡이)하는 어머니들의 굽어진 등위로 아지랑이 피어나듯 들려온다. 오늘처럼 봄바람이 불어오듯 통영에도 개화의 바람이 불고 남자와 여자가 한 공간 안에서 동등하게 교육을 받기 시작한 것은 호주 선교사들의 영향이 크다.

이들에 의해 길러진 인재들 중 두 거목 같은 여성 지도자로서 최덕지와 공덕귀의 삶은 언제나 우리에게 감동과 자랑으로 와 닿는다. 최덕지가 한국 최초의 여성 목사로서 해방 전 민족의 독립을 외쳤다면 그 뒤를 이어 공덕귀는 신학자로서 해방 후 여성문제와 인권회복 그리고 민주화를 위해 큰 족적을 남겼다.

공덕귀는 1911년 4월 21일 명정동에서 공도빈과 방말선(공마리아)의 7남매 중 둘째 딸로 태어났다. 유년시절과 여학교시절 등 생애 찬란한 시기를 암울한 역사 속에서 보냈지만 해방 후 그녀의 삶과 흔적은 아름다운 봄꽃처럼 피어났다. 그녀의 어머니는 독실한 기독교 신자였는데 이러한 어머니의 신앙에 따라 공덕귀는 어린 시절부터 열심히 교회에 다녔다.

그녀의 어머니는 주일이 되면 어린 딸들을 곱게 단장시켜 앞세우고 대화정교회(현 충무교회)로 갔다. 예배가 끝난 오후에는 곧장 호주 선교사가 운영하는 진명 유치원으로 갔는데 그곳에서 어머니는 호주에서 온 여선교사들과 즐거운 친교의 시간을 가졌다. 선교사들이 치는 풍금소리에 맞추어 찬송을 부르며 성경공부를 하는 모습이 그렇게 행복해 보였다, 그러한 영향으로 어머니의 이름은 방말선이었으나 서양식으로 남편의 성을 따라 공마리아라 불렀다.

공덕귀는 어릴 적 호주 선교사들로부터 피아노와 오르간을 배웠다. 진명유치원과 통영보통공립학교를 졸업한 후 호주 선교사의 추천으로 동래 일신고등여학교에 가기 위해 준비하던 중 뜻밖에 아버지의 죽음을 맞게 되었다, 그때 그녀의 나이 14살이었다. 어린 공덕귀에게 아버지의 죽음은 큰 충격이었다. 그녀의 아버지는 대한제국의 국군이었는데 일제에 의해 국군이 해산을 당하는 비운을 맞고 나라 잃은 백성으로 천추의 한을 품고 낙향하여 시골 통영에 묻혀 살았다. 일본인에게 당한 충격과 분노 속에 삶의 의욕을 잃고 폐인처럼 살았다.

그녀는 어린 시절 이순신 장군이 통영사람이라고 굳게 믿을 만큼 통영과 이순신을 하나로 생각했다. 어느 날 소학교 선생님이 이순신 장군이 어디에서 태어난 분이냐고 물었을 때 손을 번쩍 들고 의기양양하게 "통영이요"라고 큰 소리로 대답했다고 한다. 그 대답을 들은 반 친구들 모두가 웃던 일을 잊지 못했다고 한다.

35세의 젊은 나이에 남편을 잃은 어머니 공마리아는 6남매를 가슴에 부둥켜안고 하염없는 눈물을 흘렸다. 이 어린 것들을 어떻게 키울 것인가? 절박한 현실 앞에 그녀의 어머니는 처절한 몸부림 쳤다. 그러나 어머니는 오래지 않아 다른 면모를 자식들에게 보이기 시작했다. 하나님에 대한 절대 신앙을 가졌던 어머니는 놀라울 만큼 빨리 아픔을 털고 일어서기 시작했다.

그녀의 어머니는 밤낮을 가리지 않고 바늘과 실 그리고 가위와 미싱(재봉틀)과 씨름을 했다. 어머니의 바느질 솜씨는 특별해서 언제나 일감들이 쌓였고 사람들은 어머니의 손으로 만들어진 옷을 입어 보는 것을 영광으로 여길 만큼 바느질 솜씨는 탁월하였다. 그러한 어머니로 인해 형제들은 경제적으로 어려움 없이 자랐다. 아버지의 죽음으로 동래 일신고등여학교 공부가 좌절되고 호주 선교사에 의해 진명유치원 조보모(보조교사)로 일 하며 밤에는 진명여학교에서 교사를 하였다.

이렇게 3년의 시간이 흘렀을 때 스키너 선교사의 추천으로 꿈에도 그리던 동래 일신고등여학교에 입학을 하였다. 공덕귀의 일생 중 가장 행복했다고 말한 시기가 바로 이 시절이었다. 이 학교에서 공덕귀의 감성과 숨겨진 재능은 맘껏 분출되기 시작했다. 그녀는 모든 일에 적극적이었고 지적 호기심이 많았으며 음악과 체육에도 탁월한 재능을 보였다. 피아노는 물론이고 원반던지기, 테니스, 멀리뛰기, 삼단 높이뛰기, 수영 등 못하는 운동이 없었다. 특히 수영은 단거리 선수이기도 했다. 그러한 그녀를 보고 친구들은 만능 재주

꾼이란 별명으로 '만 가지 약장수'라 불렸다.

4년 후 졸업을 할 때 공덕귀는 전교 최우등상, 도지사상, 4년 개근상 등 모든 상을 휩쓸다시피 했다. 그녀가 이렇게 열심히 공부한 이유는 졸업 후에 인도 선교사로 가기 위해서였다. 인도 선교사가 되기 위해서 공부를 더 해야겠다는 마음으로 일본 요코하마 신학교로 유학을 갔다.

1948년 일본 유학을 마친 후 한국에 돌아와 조선신학대학에 전임강사로 재직하면서 미국의 명문 프린스턴대학교 신학대학으로 유학을 준비하던 중에 주변의 권유로 당시 서울 시장으로 재직하던 윤보선을 만나 결혼을 하게 되었고, 4.19혁명 후에는 대한민국 4대 대통령의 영부인이 되었다. 그녀는 일제 강점기 시절 2번씩이나 일본 경찰에 연행되어 고문을 받고 수감생활을 하기도 했다. 행동하는 신학자로서 평생 가난하고 힘없는 사람들을 보살피고 인권회복과 여성 문제, 교회일치운동을 전개한 한국의 탁월한 여성 지도자였다.

에이미 스키너의 위대한 삶

1900년대 초 호주 선교사들이 우리나라에 왔을 때 국가적으로 는 일제치하에서 국권과 자유가 유린당했고 사회적으로는 착취와 불안, 가난과 질병으로 삶과 환경이 피폐해질 대로 피폐해져 있었 다. 도무지 희망을 기대할 수 없는 황무한 조선 땅에 발을 내디딘 선교사들은 어떻게 하면 이 민족에게 희망의 싹을 틔울 수 있을까 를 고민하며 기도했다.

그들은 부산을 거점으로 하여 배를 타고 통영을 정기적으로 순 회하며 이 지역을 답사했다. 여러 해 동안 실시한 지역조사의 결과 는 우선 사람들을 질병으로부터 치료받게 하는 것이고 그 다음은 미래를 향한 유일한 대안으로 교육을 꼽았다, 그 결과 통영에 최초 의 근대식 의료기관과 학교가 세워졌다.

특히 통영은 여성 선교사들이 많이 왔기 때문에 교육과 여성에 대한 많은 발전이 있었다. 그들은 탈무드에 나오는 말처럼 사람들 에게 고기를 주는 것보다 고기 잡는 법을 알려 주었다. 1894년부터 1941년까지 약 24명의 선교사들이 통영에서 활동하였는데 그 중 에서 아직도 통영 사람들의 기억 속에 '신 교장'으로 남아 있는 여성 선교사가 있다. 그녀의 이름은 스키너(A.M. Skinner)로 한국 이름은 신애미이다.

그녀는 호주에서 교육학을 전공하고 1914년 9월 내한하여 거창 선교부의 교육선교사로 부임을 하였다. 1916년 마산선교부로 옮겨와 활동하였으며, 1921년부터는 통영 선교부에서 육영사업과 복음전파 사업 그리고 여성 계몽운동을 담당하였다. 스키너 선교사는 교육에 탁월한 재능과 성실함을 지녔는데 그녀가 설립한 학교를 보면, 1923년 진명유치원과 진명 강습소를 세웠고, 1924년 진명야학교를 세웠으며, 1926년 도천야학교를 세웠다, 1929년에는 왓슨 선교사가 귀국하자 통영에 최초로 세워진 진명학원 교장을 맡아 일했다. 1940년 휴가차 귀국하기까지 그녀가 유치원 원장과 진명학교 교장으로 있을 시기에 통영을 빛낸 많은 예술가들이 이 학교에서 신 교장의 영향을 받으며 근대화된 서구식 교육을 받게 되었다.

1941년 태평양전쟁으로 모든 선교사들이 강제 출국당하는 바람에 신애미 선교사는 휴가 후에 한국으로 돌아오는 것이 불가능해졌다. 그녀는 명철한 두뇌와 경건한 신앙생활 그리고 따뜻한 성품으로 많은 사람들로부터 칭송을 받았다.

대화정교회(현 충무교회)는 그녀의 교육에 대한 남다른 헌신과 인재를 기르는 열정에 감동하여 그녀의 공적을 기념하기 위해 1939년 3월 26일 제직회에서 신애미(愼愛美) 한국사역 25주년 기념행사를 하기로 결의하였고, 1939년 4월 16일 제직회에서는 신애미 교장 25주년 기념예배에 대하여 교회에서 예산 10원을 부담하기로 하였다, 그리고 1939년 5월 7일 제직회에서는 기념식을 거행하고 기념비를 건립하였다. 그녀의 공적을 기록한 기념비는 통영호주선교부 건물(양관)이 있던 우물 근처에 세웠다. 그러나 1943년 12월 일제에 의해 이 기념비는 훼파되었다.

그녀는 1940년 휴가차 잠시 귀국했지만 다시 돌아오지 못하고 호주에서 교육에 전념하다가 1953년 세상을 떠났다. 스키너는 평생 독신으로 오직 한국을 위해 기도하며 교육에 희망을 걸고 헌신한 선교사였다. 그녀가 세상을 떠난 후 1년이 지난 1954년 8월 1일 충무교회는 신애미 선교사 추도 예배를 드렸다. 그 후 1970년 4월 5일 충무교회 제직회는 신애미 선교사 기념비의 재건립을 가결하였다.

그녀가 그토록 사랑한 한국을 떠난 지 긴 세월이 지났지만 아직도 통영의 사람들이 그녀의 이름을 기억하고 있다는 것은 그녀가 평생 독신으로 살면서까지 어둡고 황무했던 통영을 위해 얼마나 많은 기도와 땀과 눈물을 쏟았는지 알 수 있다. 필자는 1990년부터 이들의 행적을 찾아 섬과 육지를 답사하며 이방의 나라에서 삶을 바친 그들의 숭고한 삶에 매료되어 100년 전 호주 선교사의 눈에 비친 조선과 같은 나라를 찾아 나도 선교사가 되었다.

통영 섬의 꽃 천사 알렉산더 선교사

아가페의 무조건적 사랑으로 이방의 나라 조선에서 천대받고 멸시받던 사회적 약자를 뜨겁게 사랑한 청순한 인상의 알렉산더 선교사 이야기는 통영의 잔잔한 바다에서 들려오는 애잔한 노래와 같이 회자된다.

안진주라는 한국 이름의 알렉산더 선교사는 영국의 전통적인 기독교 가정에서 5녀 중 둘째로 태어났다. 1856년 그녀의 부모는 호주로 이민하여 빅토리아 주 콜링우드에 거주하였다.

아버지는 목사로 빅토리아 서부지역의 몰트레이크에서 목회활동을 하면서 농촌 지역의 작고 어려운 교회를 순회하며 도움을 주고 선교에도 많은 관심이 있어 빅토리아 주 선교 총무로도 일을 했다. 그래서 그녀의 집은 늘 선교지에서 돌아온 선교사들로 북적대곤 했다. 1885년 3월 25일 출생한 그녀는 이러한 환경 속에 자라면서 자연히 선교에 대한 관심을 가지기 시작했다.

초등학교를 마친 후 멜버른의 장로교 레이디스칼리지(Presby-terian Ladies College)에서 공부하였고 멜버른대학에서는 중국선교를 위해 중국어를 공부하였는데 조선의 어려운 상황을 알고 난 후 진로를 바꾸어 조선으로 갈 계획을 세웠다. 조선에서 가장 시급한 것 중 그녀가 할 수 있는 것은 유아들에 대한 교육이었다. 그래서 유치원 교사로서 필요한 교육과 훈련을 받고 노스 멜버런의 유치원에서 경험을 쌓은 후 빅토리아 장로회가 세운 여성 지도자 훈련원(Deaconess Institute)에 입학하여 지도자 교육을 받기도 했다.

이 모든 준비와 훈련을 마친 알렉산더는 1911년 1월 멜버른을 떠나 조선을 향하는 장도에 올랐다. 그녀의 이러한 준비 과정을 보면 선교사로 한국에서 생애를 바치기로 결심하고 자신을 철저히 준비하였던 것을 알 수 있다. 1911년 2월 부산에 도착한 그녀는 1913년에서 1916년까지 부산 일신학교 교장을 역임하고 1918년에는 통영 선교부로 와서 어린이와 여성 교육에 전념하였다. 그리고 2살짜리 여자 고아인 김복순을 양녀로 삼아 성장하기까지 돌보았고 호주로 돌아간 후에도 서신으로 꾸준히 돌보며 어머니로 또는 언니로서의 역할을 다하였다.

그녀는 한국인 전도부인과 함께 배를 타고 다니면서 작은 섬들을 찾아가 가난하고 병든 사람들을 돌보며 전도하고 사경회를 인도하기도 했다. 그렇게 만난 사람들 중 욕지도 서산리 군자포에 살던 장바울과의 만남은 눈시울을 적시게 한다. 장바울은 결혼을 앞둔 어느 날 다리가 아파 침을 맞았는데 그만 하반신을 쓸 수 없는 장애를 입고 말았다. 결혼도 포기한 채 외롭게 살아가던 그를 눈여겨본 안진주 선교사는 욕지도를 방문할 때 마다 장바울을 찾아가 사랑을 베풀며 위로하고 복음을 전했다. 그렇게 해서 신앙을 갖게 된 장바

울은 주일이면 산 너머 논골 예배당까지 지게에 업혀 예배당에 가
곤 했다.

어느 날 안진주 선교사가 한산도를 거쳐 욕지도에 사경회를 인
도 하러 온다는 소식을 들은 장바울은 반갑고 감사한 마음으로 편
지를 썼다. 이 편지는 훗날 고신대학교 이상규 교수가 호주에서 공
부할 때 안진주 선교사의 조카로부터 받아 알려지게 되었다.

(중략) 우리 구주 예수그리스도로 말미암아 나의 자매되신 안 부
인은 나 더러운 병신을 특별히 위하시던 은혜는 태산과 같사오나
교제는 누님께 천총지공도 갚을 수가 없으니 참 부끄럽습네다.

이처럼 장바울에게 안진주 선교사는 하늘이 보내준 천사와 같
이 유일한 위로자였다.

1941년 일제에 의해 강제로 추방을 당한 안진주 선교사는 귀국
후 통영에서 신 교장으로 불리던 스키너 선교사와 함께 와이알라라
는 곳에서 유치원을 시작하였다. 은퇴 후에는 아동보호협회와 브루
클린에 있는 유치원에서 봉사했는데 늘 꽃을 가지고 다니면서 사람
들을 위로하고 격려하였기 때문에 사람들은 그녀를 가리켜 '꽃을
가진 여인'(the lady with flower)이라 불렀다,

해방 후 이화여자대학교에서는 그녀를 교수로 초빙하였으나 건
강상 이유로 한국으로 다시 오지 못했다. 1967년 4월 5일 부르클린
유치원에서 봉사를 마치고 집으로 돌아가는 길에 불의의 교통사고로

하나님의 부르심을 받았는데, 평생을 독신으로 지내면서 가난하고
병든 이웃을 위해 꽃처럼 향기롭게 살다간 그녀의 나이 80세였다.

보석같이 빛나는 삶의 에디스 커 선교사

해외에서 선교활동을 하고 있는 필자는 가끔씩 나와 나의 가족 그리고 나의 조국보다 타인과 타인의 가족 그리고 저들의 나라를 더 사랑할 수 있는가라는 질문을 스스로 던져 본다. 이러한 질문은 100여 년 전 조선에 와서 조선 사람보다 더 조선을 사랑한 에디스 커(Edith A. Kerr, 한국이름 거이득) 선교사의 삶을 알고 난 후부터 생겨난 스스로에 대한 혹독한 질문이다.

거이득이라는 이름으로 더 잘 알려진 에디스 커 선교사는 한국에 부임한 호주 선교사 중에서 특출한 인물이었다. 호주에서 대학 교육을 받은 사려 깊은 지성과 깊고 넓은 인간애 그리고 기독교 복음에 대한 남다른 열정을 지닌 그녀는 통영과 부산에서 가난하고 보호받지 못하는 여성들을 위해 혼신의 정열을 쏟아 그들의 아픔과 고난을 함께 나누며 교육자로서 그리고 친구로서 우리에게 끝없는 사랑과 애정을 간직했던 헌신적인 선교사였다. 일생동안 미혼으로 살면서 교육활동과 절제운동을 전개하고 저술활동을 통해서 여성들을 일깨우며 여성의 역할을 강조하였다.

1921년 9월 호주 멜버른을 떠나 조선으로 향한 그녀는 도착 후

진주선교부로 부임을 받고 언어 공부에 주력을 하는 한편 시원여학교에서 학생들을 가르쳤다. 1928년 통영 선교부로 옮겨와 진명야학교 교장으로 일하면서 장애 여성, 매춘 여성, 이혼당한 여성, 그리고 남편으로부터 쫓겨난 여성들을 위한 직업교육을 하였다. 그녀의 이러한 활동을 일제가 방해를 하였지만 이에 굴하지 않고 한글과 자수, 영농기술을 가르쳐 생활대책을 도왔다.

특히 이들이 자수로 만든 손수건, 책상보, 앞치마 등을 멜버른에 보내면 멜버른의 클린스 가에 위치한 장로교 본부의 여전도회 연합회 사무실과 티룸(Tea room)에서 판매하였고 그 금액을 통영으로 보내어 여성들의 생활을 도와주는 귀한 일을 했다.

그녀의 이러한 특별하면서도 헌신적인 활동은 당시 체류하고 있던 여러 나라 선교사들의 귀감이 되었고 1938년에는 조선의 모든 교회와 선교사를 대표하여 탐바란에서 모인 세계교회 회의에 참가하기도 했다.

그러나 일본의 아시아 침략이 노골화되어 조선에 거주한 모든 외국 선교사들이 철수하게 되자 호주선교부에서도 귀국명령을 내렸다. 에디스 커는 1921년 조선에 와서 1941년까지 꼭 20년 동안의 사역을 중단하고 일제의 침략이 끝나면 다시 올 것을 다짐하며 내키지 않은 발걸음으로 철수하였다. 본국으로 돌아간 이후에도 늘 조선과 통영을 그리워하며 언젠가 조선에 다시 들어갈 것을 계획하고 보다 더 효과적인 활동을 할 목적으로 오몬드대학에서 신학을 공부하였는데, 그는 호주에서 신학학사 학위를 취득한 첫 여성이기도 하다.

일제강점기가 끝나고 마침 서울의 이화여자전문학교에서 교수로 초청을 받고 꿈에도 그리던 한국으로 가기를 원했으나, 건강상태가 좋지 않다는 의료진의 충고에 따라 여전도연합회에서는 그녀의 한국 선교활동을 허락하지 않았다.

1950년 이후부터는 빅토리아 주 발라렛(Barrarat)에 있는 클라렌돈장로교여자학교(Clarendon Presbyterian Ladies College)의 교장으로 일했다. 그리고 그녀가 선교사가 되기 위해 공부했던 칼톤(Calton)에 위치한 여선교사 훈련원에서 성경을 가르치기도 했다. 1893년에 태어난 에디스 커 선교사는 1976년 83년의 생애를 마감하고 캔터베리 가에 위치한 침례교 양로원에서 조용히 하나님의 부르심을 받았다.

조선과 통영을 향한 지고하면서도 보편적 인간애로 모자이크된 그녀의 삶은 석양에 붉게 채색되어가는 통영의 섬과 바다 같이 잔잔하게 회자되어 온다.

통영 최초의 의사 테일러 선교사와 근대식 병원

인류 역사에서 인간을 가장 불안하게 하며 끊임없이 괴롭혀 오는 것은 무엇일까? 전쟁일까, 아니면 굶주림일까? 전쟁이나 굶주림은 일시적인 것이며 협력과 나눔으로 극복할 수 있지만 질병은 끊임없이 진화하며 의료인의 노력을 무색케 할 만큼 의료기술을 앞질러 또 다른 질병으로 인간에게 다가온다.

한국인의 역사 중에서 가장 암울했던 시대라 할 수 있는 1900년대 초부터 시작된 일제강점기는 인간의 존엄성이 무참히 무너진 시대였다. 주변 정세의 흐름과 세상의 이치에 무지했던 조선인들에게 일제는 갖가지 권모와 술수, 협박과 침탈로 괴롭혔고, 이로 인한 굶주림과 질병이 인간의 생명을 무참히 앗아갔다. 간단하게 치료만 하면 생명을 살릴 수 있는 하찮은 질병에도 속수무책이었다. 당시 서양 선교사들이 선교활동을 위해 많이 갔던 나라는 중국과 일본이었다. 커뮤니케이션이 발달하지 않은 시대에 서구 사회는 조선이라는 나라를 알 수 없었다.

1913년 조선에 도착한 의사인 테일러 선교사는 근대식 의료시설이 전무했던 터라 조선어를 공부하며 진료 계획을 차근차근 세워

나갔다. 그는 1912년 영국의 에든버러 의과대학을 졸업하고 호주 뉴헤브라이즈에서 처음으로 선교활동을 하다가 그 다음해 조선에 왔다. 1915년 통영에 도착하자 진료소를 개설하고 투약과 치료를 하기 시작했다. 그는 의료혜택을 받을 수 없는 섬 지역에 사는 주민들에 대하여 많은 관심을 가졌다.

다도해를 이루는 통영은 수많은 섬들이 곳곳에 산재해 있고 거친 바다 환경에 노출되어 이로 인한 질병이 다른 육지 지역보다 상대적으로 많이 발생했다. 이러한 통영의 특수한 환경과 사정을 호주의 고향 교회에 알려 도움을 호소했고 그 결과 남청년친교연합회(Young Men's Fellowship Union)의 도움으로 작은 배를 구입하여 여러 섬 지역을 정기적으로 순회하며 주민들의 질병을 치료하고 건강을 돌보며 위생적인 생활에 대한 교육도 시켰다. 당시 섬에 사는 주민들은 질병과 이로 인한 조기사망을 운명처럼 받아들였는데 이러한 이들에게는 상상할 수 없는 생명에 대한 경외심이 생겨났다.

테일러는 이에 만족하지 않고 한센병을 천형이라 생각하고 가족과 사회로부터 격리되어 천대와 멸시를 받으며 비참한 삶을 이어가던 이들을 위해 병원을 설립하고자 했다. 그러나 일제가 이를 허락하지 않아 뜻을 이루지 못했다. 1919년에는 입원환자를 위한 병실 2개가 있는 작은 병원(Cottage Hospital)을 세웠다. 테일러의 부인은 호주선교부가 조선에 파송한 첫 번째 간호사이기도 한데 그녀는 남편과 함께 이곳 통영에서 역동적인 의료 활동을 전개하였다.

1915년부터 1923년까지 통영에서 최초의 근대식 병원을 세워 수많은 환자들을 치료하고 돌보았던 테일러는 호주선교 본부에 의해 진주 배돈병원(Paton Memorial Hospital)으로 임명을 받아 떠났다. 테일러 선교사가 떠난 후부터 의료혜택은 끊어졌으나 곧 3년 뒤인 1928년 트루딩거(M. Trudinger, 한국이름 추마전) 선교사 부부가 통영에 부임해왔는데 그의 부인은 유능한 간호사로 테일러를 이어 지역 주민들의 건강을 돌보는 데 열심을 다하였다. 특히 그녀는 부모와 어린이에게 말할 수 없이 많은 유익을 주었던 아동복지 진료소(Baby Welfare Clinic)를 운영하였다. 이들 선교사 부부가 1938년 통영을 떠나 부산선교부로 가기까지 10년 동안 이 지역에 베푼 의료 혜택은 말로 다 할 수 없다.

이후 곧바로 레인(H.W. Lane) 선교사 부부가 통영으로 부임을 했는데 그의 부인도 간호사여서 그들이 일제에 의해 강제 출국 당한 1941년까지 의료혜택은 꾸준히 이어져 왔다. 의사 선교사가 귀한 시절에 그래도 통영은 끊어지지 않고 의료혜택이 이루어진 것을 보면 참으로 다행한 일이다.

테일러 선교사는 1938년 8월 일본 요코하마에서 갑작스레 사망했는데 그의 나이 61세였다. 이 소식을 들은 통영 주민들과 진주 배돈병원은 깊은 애도에 빠졌다. 그는 그곳에 묻혔고 얼마 후 그의 부인은 25년 전 남편과 함께 의료선교사로서 호주를 떠나 조선을 향하던 때와는 달리 혼자 쓸쓸히 본국인 호주를 향해 길을 떠났다.

호주에 도착한 테일러 부인은 평생을 멜버른에 살면서 경건한

신앙생활과 헌신적인 봉사 활동을 하였다. 그리 길지 않는 인생 속
에서 그들 부부의 삶은 참으로 아름답고 진솔했으며 100여 년이 지
난 지금에도 그들을 본 적도 없고 만난 적도 없는 누군가에 의해 글
로서 회자되고 있다.

오월에 그려보는 얼굴, 트루딩거 선교사

보석처럼 영롱하게 빛나는 계절의 여왕 오월이다. 누구나 이때가 되면 오월처럼 그렇게 아름다운 삶을 살고 싶어 하는 소망을 가져본다. 인간의 삶이 소중하고 숭고한 것은 그 횟수나 기한이 한정되어 있음에도 불구하고 자신을 초월하여 타인을 위해 희생할 수 있는 의미와 가치를 인식할 수 있기 때문이다. 그러나 이것은 단순한 용기만으로 되는 것은 아니다. 100여 년 전 약 40여 일간의 항해 끝에 겨우 닿을 수 있는 미증유의 땅 조선에 온 호주 선교사들은 하나 같이 모두가 다 잘 갖추어지고 준비된 사람들이었다.

그 중에서 흥미로운 인물이 트루딩거(M. Trudinger, 한국 이름 추마전) 선교사이다. 그는 1883년 9월 25일 영국 욕사이어(Yorkshire) 맨스톤(Manston)에서 출생했다. 모라비안 신앙을 가진 부모를 따라 그도 모라비안의 신앙을 가졌다.

남호주 아델레이드대학교에서 공부한 그는 해외선교에 매우 적극적인 모라비안의 신앙전통에 따라 당시 풍토병에 의해 죽음을 각오하지 않으면 갈 수 없는 아프리카 수단으로 갔다. 아니나 다를까 두 번이나 열병에 걸렸으나 다행히 생명을 잃지는 않았다. 그래서 더 이상 그곳에서 활동을 할 수 없어 호주로 돌아온 그는 자신의 삶을 타인을 위해 가장 숭고하게 사는 길이 무엇인가를 심각하게 생각하며 기도했다.

마침내 그는 목사가 되어 다시 한 번 선교사로 헌신하기로 작정하고 오몬드대학교(Ormond College)에 입학해서 신학을 공부하기 시작했다. 1920년 간호사인 베라 이렌 포스터(Vera Irene Foster)와 결혼한 후 호주에 미련이 생기기 전에 떠날 것을 각오하고 곧 다음 해인 1921년 멜버른을 떠났다. 멀고도 지루한 항해가 끝나고 부산에 도착한 후 곧바로 마산선교부에 부임하였다. 그 후 1928년부터 1935년까지 통영 선교부에서 7년 동안 활동을 하였다. 외국인이지만 통영 대화정교회(현 충무교회) 진종학 목사와 함께 동사목회를 하며 거제 유천교회와 지세포교회의 당회장을 지내기도 할 만큼 그는 친화력이 있고 소탈했다.

그의 성격은 매우 활동적이고 친절했으며 언제나 열정이 넘쳐났고 현지 적응력이 탁월하여 이방인이 아닌 마치 조선 사람과 같았다. 전도사들과 권서가들을 통괄하며 지역의 여러 교회를 순회하는 책임을 맡기도 했다.

마침 통영에서 의사로 통영과 섬 지역 주민들의 건강을 돌보던 테일러 선교사가 진주선교부로 떠난 이후 진료의 공백이 생겼는데 간호사였던 트루딩거 선교사의 부인이 테일러에 이어 치료와 시약 활동을 이어나갔다. 트루딩거 부인의 통찰력과 혜안은 남달랐다. 당시 어린아이들의 영양 상태와 위생상태가 매우 열악하여 어린이 건강관리소(Baby Welfare Centre)를 운영하기로 생각했다. 당시 통영뿐만 전국에서 영유아의 사망률이 매우 높아 아이를 낳으면 일정기간 동안 호적에 올리지도 않을 만큼 심각한 실정이었다. 그럼에도 아동을 위한 건강관리 체계가 전혀 없었기 때문에 그녀의 이러한 형태의 진료방법은 매우 효과적이었고 상당한 호응을 얻었다.

부산과 경남에 있는 5개(부산, 마산, 진주, 통영, 거창)의 선교부 중 거창을 제외하고 모든 선교부에서 활동을 할 만큼 이들 부부의 활동은 폭이 크고 넓었다. 그들이 이렇게 광폭의 활동을 한 것은 조선에서의 활동이 언제일지는 모르지만 분명한 것은 한정적이라는 것을 늘 생각하며 그 기간 안에 더 많은 헌신과 희생으로 조선인을 사랑하고자 한 남다른 인간애에 대한 열정과 연민의 정이 깊었기 때문이다.

아니나 다를까 일본이 일으킨 태평양전쟁으로 인해 1941년 본국으로 철수하기까지 사랑과 헌신과 땀을 아낌없이 쏟았던 조선에서 20년간의 선교활동을 마친 그들은 내키지 않은 발걸음으로 조선을 떠날 수밖에 없었다. 본국에 돌아가서도 쉼의 시간을 가질 틈도 없이 1942년부터 남호주에 있는 페놀라교회에서 목회활동을 시작하였다. 이때 그의 나이 59세로 인생의 완숙함과 신앙의 성숙함이 어우러진 시기였다. 그러나 얼마 있지 않아 그의 아내가 건강을 잃기 시작하였고 이어서 그의 건강도 급속도로 쇠약해지기 시작했다. 그들은 조선에서 흔히 말하는 진액을 뺄 만큼 자신들의 건강을 돌아보지 않고 사랑과 희생에 몰입하였던 것이다.

　　1949년 목회를 은퇴한 후 여생을 보내던 트루딩거 선교사는 1955년 9월 1일 하나님의 부르심을 받고 정들었던 이생에서의 땅을 떠났다. 그는 깊은 신앙과 헌신, 열정과 인내심, 그리고 관용의 마음을 가진 선교사였다. 우리는 그 부부와 함께 오늘처럼 오월의 맑은 하늘 아래서 얼굴을 마주하며 한 잔의 커피도 나누어보지 못했지만 그들의 숭고했던 삶을 더듬어 그리면서 트루딩거 그리고 이렌 포스터 그 이름을 되새겨 본다. 마냥 붙잡고 싶지만 오월도 그 마지막을 향해 달리고 있다.

통영의 마지막 선교사 왓킨스와 레인

한국 근대사에서 서양선교사들의 역할과 업적은 빼놓을 수 없는 중요한 부분을 차지한다.

그들의 발자취는 처음부터 고난으로 시작되었다. 조선의 첫 선교사로 기록되고 있는 토마스는 1866년 9월 3일 영국의 제네럴 셔먼호를 타고 대동강에 도착했다. 그러나 조선군대에 의해 배는 불타고 토마스는 붙잡혀 대동강 백사장에서 참수를 당하게 되었다. 그는 그의 목을 내려치려는 박춘권에게 자신의 마지막 물건이라며 작은 보따리를 건넸는데 얼떨결에 받아 두었다가 나중에 보니 그것은 성경책이었다. 조선 땅을 밟자마자 참수를 당한 28세의 청년 토마스는 대동강 한사정 백사장에서 순교의 피를 흘렸지만 그 후 33년이 지난 어느 날 박춘권은 자신의 괴로움을 마펫 선교사를 찾아가 눈물로 호소하고 기독교인이 되었다.

그들이 어렵게 밟은 땅 조선에서 단 하루도 머물지 못하고 생을 마감한 안타까운 사연들은 이루 헤아릴 수 없이 많다. 통영은 다른 지방과 달리 호주 선교사들에 의해 근대화의 물꼬를 트게 되었는데 교육, 의료, 문화, 복지, 기독교 복음 전파 등 사회 전반에 걸쳐 전인적인 활동이 이루어졌다.

그중 왓킨스(Rene F. Watkins, 한국 이름 왕영혜)는 1940년 한국에 도착한 몇 달 후인 1941년 통영으로 부임하였으나 채 1년도 지나지 않아 일제에 의해 같은 해 강제추방 당하게 되었다. 그녀는 짧은 기간이지만 일제의 탄압에도 불구하고 알렉산더, 레인과 함께 마지막까지 통영 선교부를 지킨 선교사로 기록되고 있다. 1941년 2월 28일 호주선교본부가 일본에 의해 전 세계가 전쟁의 공포에 휩싸이는 것을 우려하여 세계기도회의 날(Word Day of Prayer)로 선포하였다. 일본 경찰은 이 기도회가 반일 감정을 자극한다 하여 이를 빌미로 사건화하기 시작했다.

이로 인해 1941년 4월 1일 알렉산더, 트루딩거, 테드, 커어, 에드가, 왓킨스 등 한국에 남아 있던 많은 호주 선교사들이 체포되었다. 급기야 호주 해외선교 위원회와 장로교 여자 선교회는 여자 선교사들을 우선적으로 본국으로 송환하기 시작했다. 그래서 대부분의 호주 선교사들은 1941년 한국을 떠나게 되었다.

마지막까지 통영 선교부에 남아 있던 알렉산더와 왓킨스는 호주선교부의 여성 선교사 우선 송환계획에 따라 1941년에 철수하였으나 남자 선교사였던 헤롤드 레인(Harold. W. Lane, 한국이름 나래인)은 가택 연금을 당하여 본국으로 송환되지 못하고 있다가 그 다음해인 1942년 11월에야 간신히 호주로 돌아갈 수 있었다.

그는 1900년 9월 25일 호주 빅토리아 주 베언스데일(Bairnsdale)에서 태어나 미르부 노스(Mirboo North)에서 가까운 베리스 크릭

(Berrys Creek)에서 성장하며 초중등학교를 마친 후 멜버른대학교를 졸업하였다. 그는 목사와 선교사가 되기 위해 오몬드신학대학에서 신학을 공부하였다. 그 후 조선에서의 활동을 위해 부푼 꿈을 안고 1934년 12월 부산에 도착하였고 3년간의 어학공부를 마친 후에는 통영으로 부임하여 대화정교회(현 충무교회)에서 한국인 목사 이정심과 동사목사로 활동을 하였다. 한편 거제도 지세포교회 당회장을 역임하기도 했다.

레인 선교사는 일제에 의해 강제 출국당하여 호주로 돌아갔지만 그는 늘 조선을 그리워하며 다시 갈 것을 마음에 품고 기도하기 시작했다. 1945년 일본이 전쟁에서 패하고 조선이 해방되자 그는 1946년 조지 앤더슨(Georgr Anderson) 선교사와 함께 조선에서의 선교활동과 문화동 269번지 일대에 있던 통영 호주선교부 건물과 재산을 관리하기 위해 다시 왔다. 일제에 의해 피폐해질 대로 피폐해진 한국을 위해 장기적인 활동이 필요함을 느끼고 1949년 호주로 가서 가족들을 데리고 1950년 4월 다시 한국으로 나왔다. 그의 앞에 펼쳐진 한국과 통영은 할일이 너무나 많이 산적해 있어서 어디서부터 어떻게 시작을 해야 할지 난감했다. 처음부터 다시 시작한다는 마음으로 하나하나 구체적으로 계획을 세워나갔다.

그러나 이러한 다짐과 계획이 채 2달이 지나기도 전에 한국전쟁이 발발하였다. 그는 전쟁이 끝나면 다시 오리라 마음에 다짐하고 전쟁 중에 있는 한국을 위해 기도하며 본국으로 향하는 배에 올랐다. 그가 한국에서 활동한 기간은 격동과 격랑의 시기였다. 일제의 침략 야욕이 막바지에 이르자 탄압은 극에 달하였다. 그는 일제에 의해 억류당하기도 하였으며 그 후 얼마 있지 않아 한국전쟁으로 인한 위기의 상황을 맞기도 했다. 하지만 그는 이 어려운 시기에도 한국을 사랑하는 마음은 변함이 없었으며 지혜와 재치로 여러 위기를 잘 극복해나갔다.

한국에 남다른 애정을 많이 가졌던 그는 1952년 통영 호주선교부의 재산을 정리하기 위해 잠시 나왔는데 이 때 문화동교회(현 충무교회)는 7월 13일 송별 예배를 드렸다. 통영에서의 마지막 선교사였던 그를 위해 교회와 교인들은 20만 원을 들여 금메달을 제작하여 기념품으로 드리고 그간의 수고와 헌신을 위로하며 그의 출국에 석별의 정을 나누었다.

어차피 인생은 미완성이다. 완성을 기대한다면 그것은 어리석고 피곤한 삶을 살 수밖에 없다는 것을 통영에서 활동한 선교사들의 초연했던 삶을 보면 교훈을 얻을 수 있다. 그들은 그들의 일에 과도한 욕심을 갖거나 허영을 부리지 않았다. 주어진 현실에 최선을 다하였고 그들은 조선인들이 스스로 걸어가야 할 다리를 놓았을 뿐이다. 결국은 그 다리를 밟고 지나가는 사람은 조선인이라는 것을 염두에 두고 아낌없는 희생으로 삶을 채워 나갔다.

미래는 나의 것이 아니라 후세들의 것이기에 우리는 그들을 위해 보이지 않는 물밑에 가라앉은 하나의 징검다리 돌일 뿐이다.

통영 여성 기술교육의 선구자

호주 선교사들이 조선에 첫발을 내디딜 때인 17세기 말, 당시 우리들의 생활상은 어떠하였을까? 계량적으로 설명을 하면 이해가 빠를 것 같다. 대한제국 때인 광무 1년, 즉 국민소득에 대한 통계가 이루어진 1897년의 소득은 7달러였다. 반면 일본은 1,135달러, 미국 4,100달러, 독일 3,134달러였다. 이렇게 비교해 보면 우리의 살림살이가 얼마나 극빈했는지를 어느 정도 알 수 있겠다. 이러한 조선의 상황을 본 호주 선교사들의 마음은 어땠을까?

필자는 지금도 120여 년 전 우리와 비슷한 나라를 찾아 그때 호주선교들로부터 진 빚은 갚는 심정으로 활동하고 있다. 나에게는 열악한 실정의 선교지에서 흘리는 두 종류의 눈물이 있다. 하나는 지금 내 앞에 펼쳐지는 현지인들의 생활상을 보며 흘리는 눈물이요, 다른 하나는 이들의 생활을 보며 100여 년 전 우리 선조들의 극빈했던 상황을 떠올리며 흘리는 눈물이다.

선교는 삶의 현장이라는 거대한 스크린에서 펼쳐지는 사랑과 희생의 휴머니티한 드라마와 같다. 저들의 절실함(need)과 나의 희생적 원함(want)을 기독교적 사랑이라는 연결고리를 통해 주고 받는 것이다.

통영은 바닷가를 끼고 있고 해상교통이 발달한 곳이라 그나마 좀 나은 편이기는 했지만 다수의 서민들은 여느 지역과 별반 차이가 없었다. 하루하루의 끼니를 걱정해야 하는 절박함에 시달려야 했고 자라나는 어린아이들의 눈동자에서는 미래에 대한 희망의 빛을 찾아볼 수 없었다. 이러한 때 두 명의 호주 여성 선교사가 통영에 부임해 온다. 아미 프랜시스(Army L. Francis)와 도로시 레가트(Dorothy Fairlie Leggatt) 그리고 에디스 커(Edith A. Kerr)이다.

1928년에 도착한 레가트는 1941년 일제로부터 탄압을 받고 강제출국 당하였다가 해방 후인 1947년 9월 던(E.W.Dunn), 위더스(M. Withers) 선교사와 함께 다시 한국에 와 부산, 통영, 거제도를 중심으로 성경학교 교사로 활동하였고, 각 지역에 세워진 교회들을 순회 방문하여 마을사람들은 위해 기도하며 격려하였다.

또한 고아원과 나환자촌, 양로원에 많은 관심을 가지고 이들을 보살피는 한편 경남 지방의 유치원 교육 발전에 크게 공헌하였다. 그녀는 선교 영역 중에서 주로 영적인 부분을 맡아 따뜻한 인간애로 사람들을 위로하고 소망을 심어주며 격려하였다. 비슷한 시기에 한국에 온 프랜시스 선교사는 1924년 9월 조선에 도착하여 언어 공부를 마친 후 통영에는 1926년 부임했다.

인간은 영과 혼과 육으로 구성되어 있다. 이 세 영역은 각각 33%가 아니라 100% 로 이해해야 하며 모든 영역이 똑같이 중요하다. 어느 한 영역이 무너지면 다른 영역에도 심각한 문제가 발생한

다. 호주 선교사들은 이러한 부분을 중요시하고 인간의 존엄성에
큰 가치를 두고 전인적 활동을 전개하였다.

레가트가 영적인 부분을 맡았다면 프랜시스는 사회적이고 육적
인 부분을 담당했다. 프랜시스 선교사가 볼 때 통영에서 우선해야
할 일은 가난하고 천대 받는 사회적 약자와 고기잡이를 하다가 풍
랑을 만나 남편을 잃은 과부들 그리고 장애 여성과 매춘 여성들의
생계를 위한 일이 시급함을 깨달았다. 단순한 도움은 이들이 가난
을 극복하지 못하기 때문에 그들 스스로 자립할 수 있도록 통영 대
화정교회(현 충무교회)를 중심으로 기술교육을 시켜 나갔다.

1928년 같은 해에 온 에디스 커 선교사와 함께 가축을 기르는
영농기술과 바느질, 수공예를 가르치기 위해 산업반을 만들어 운영
하기로 했다. 이것이 통영에서는 최초의 여성을 위한 기술교육이었
다. 프랜시스는 본국에 보내는 산업반 활동에 대한 보고서에 다음
과 같이 기록하였다.

산업반은 우리 활동의 중요한 일로 이 지역에서 계속 부각되고 있
다. 왜냐하면 예수를 따르는 사람들은 버림받고, 사회의 가치 없는
곳을 차지하고 있으며, 장애 여성과 매춘 여성 등 천대 받는 이 사
람들을 사랑하며 돕고 있기 때문이다. 우리들의 활동 목적은 의지
할 곳 없는 이들에게 보호처를 마련해주고, 사회적 냉대와 극심한
가난으로 인해 짓는 죄와 수치의 생활로부터 구제되거나 그러한
생활에 빠져들 위험에 처해 생활하고 있는 어린 소녀들과 부녀자

들을 도우는 것이다. 만약에 우리가 조선인들에게 노동의 신성함을 인식할 수 있도록 도왔다면 우리들은 커다란 공헌을 한 것이 될 것이다. 노동의 신성한 가치는 타락하려는 사람들을 구제하고 이러한 구제된 삶을 한국에서 예수를 위해 사는 노동자들에게 제공하는 데 있다.

호주 선교사와 통영의 민간신앙

선교사는 무엇을 하는 사람인가? 우리나라 근대화에 있어서 문명의 빗장을 열었던 서양선교사들의 희생과 역할로 인해 우리에게는 '선교사'라는 단어가 무척이나 친숙하다. 그러나 그 이면에는 서양종교라는 이유로 참수를 당한 선교사를 포함한 조선인 순교자가 1866년의 병인박해 때에만 해도 6년간 약 8,000여 명이고 통영에도 12명이나 된다.

선교사는 기독교의 복음을 전하는 사람을 일컫는다. 이 기독교의 복음은 문명과 함께 수레의 양 바퀴가 되어 움직여 나아갔다.

기독교를 프로테스탄트(Protestant)라고 하는데, 이는 라틴어 프로테스탄티아(Protestantia)에서 유래한 말로서 저항, 항거라는 의미를 지닌다. 즉 여성할례나 인신매매, 인신제사와 같은 잘못된 문화와 무지로부터 일깨워주며 인간다운 삶과 자유를 영위할 수 있도록 가르치고 돕는 일을 한다. 그렇기 때문에 선교사가 가는 곳마다 가장 많이 부닥치는 것은 이러한 관습이나 미신들과의 충돌이다. 이러한 토착화된 문화를 거스르지 않으며 지혜롭게 대처하는 일은 쉽지 않다.

우리나라의 경우 선교사들이 들어올 즈음 사회적 관점에서 조선의 문화와 사회상을 보면 미신, 도박, 축첩, 음주, 가부장적 제도 등이 인간의 삶을 옴짝 못하도록 휘감고 있었다. 대개 이러한 것으로부터의 피해는 사회적 약자인 어린이와 여성들이었다. 그래서 선교사들이 가장 먼저 한 것은 교육을 통해 무지를 일깨우고 잘못된 관습이나 제도를 고치며 병원을 통해 질병으로부터의 고통을 풀어주고자 했다. 통영에도 이와 같이 근대식 교육과 병원 그리고 복지 사업이 선교사들에 의해 처음으로 시작되었다. 당시 호주 선교사들이 활동했던 1900년대 초반, 종교적 관점에서 볼 때 통영의 사회상과 민간신앙은 어떠했을까?

문화란 인간의 역사와 함께 생활양식과 동일한 가치관을 공유하는 집단의 공동체가 만들어낸 산물이다. 통영은 손만 내밀면 닿을 만큼 지척에 바다가 있어서 어업에 의존한 생활로 인하여 이와 연관된 풍속이 많이 전해져 왔다. 그 대표적인 것이 당제와 풍어제이다. 당제는 오늘날 유교적인 형식을 취하고 있으나 그 발생의 기원은 부여와 고구려로 거슬러 올라갈 만큼 오래된 고대 민간신앙에서 유래되었다.

원래 당제의 목적은 마을의 무사 평안과 번창을 바라는 데 있지만 해안 지방은 바다를 접한 특수한 상황 때문에 풍어기원제의 기능을 주로 지니게 되었다. 마을에서 매년 정기적으로 한 번 정도 갖는 이러한 제례는 어민들에게 순수하고 소박한 소망을 이룰 수 있다는 기대를 가지게 하고 위험하고 거친 바다에서 조업하는 데 심적 안위를 주며 어민의 협동과 화목을 도모하는 기회로 삼기도 하였다. 대표적으로 동해안 별신굿, 서해안의 배 연신굿, 남해안의 별신굿 등이 있다. 이러한 무속신앙이 1970년대 새마을 운동의 미신 타파로 없어지고 지금은 전국 주요 항구 도시에서 전통문화 공연 형태로 이어지고 있다.

민간신앙 즉 미신은 일반 종교처럼 교리나 체계적으로 조직화된 것이 아니라 일반 민중들의 생활 속에서 예전부터 전승되어오는 주술적 신앙형태를 말한다. 오래전부터 특정 지역 내의 주민들이 믿어온 신념체계로서 종교와 자주 혼용되고 있다. 이러한 민간신앙에는 무속신앙과 가신신앙, 공동체 신앙 등을 비롯하여 풍수신앙과 토속신앙 등이 포함된다.

지금과 같은 문명화 이전의 도서 해안 지역은 대부분 극심한 가난에 찌들었고 어업과 관련한 해상사고로 과부가 많았으며 이들의 생활은 한이 서린 고달픈 삶이었다. 이러한 연유로 이 지역 사람들은 자기를 위탁할 절대자가 필요하여 어떠한 대상을 신앙하게 된 것이다. 공동체의 제의인 당산제, 용왕제, 풍어제는 이러한 환경 속에서 생겨났다.

1980년대 초만 하더라도 도천동이나 인평동 바닷가에는 매일 밤 촛불을 켜 놓고 푸닥거리를 하는 꽹과리 소리를 들을 수 있었다. 지금은 사라졌지만 당시 섬 지역을 제외한 곳에서 용왕제와 굿을 가장 지극하게 행하는 곳은 산양읍 풍화리였다. 매년 새해가 되면 3일간 굿이 행하여지는데 이때에는 외부의 사람들은 일절 출입을 할 수 없었고 학교도 수업을 하지 않고 시내버스도 마을에 들어갈 수 없었다. 이처럼 태생적으로 민간신앙은 이들의 생활 깊숙한 곳에서 형성되고 자리 잡고 있기 때문에 이들이 기독교로 개종한다는 것은 여타 지역의 사람들보다 상대적으로 어렵다고 볼 수 있다.

해안 지방의 무속신앙은 농촌지방의 미신과는 차원이 다를 정도로 완고하다. 특히 제주도와 통영을 비롯한 경남 일대의 도서지방에서는 더욱 그러하다. 도서 해안 지방 사람들이 폐쇄적인 사고를 가지게 된 것은 자연적 환경에 기인한다. 외부와의 교류가 없는 제한된 자신들만의 울타리 안에서 사고하고 느끼며 살면서 고정관념이 형성되었기 때문이다. 대인관계에 있어서도 자연스럽고 관대하기보다는 완고함을 간직할 수밖에 없었다. 이러한 현상은 교통과 통신의 발달이 덜 된 지역에서 생길 수 있는 어쩔 수 없는 현상이다.

이와 같은 사회적, 문화적, 종교적으로 이질적인 상황에서 선교사들의 활동은 희생과 사랑, 인내와 기다림 그리고 최후엔 순교를 각오하지 않으면 안 되는 것이다.

통영의 최초 순교자와 삼도수군통제영

기독교의 역사는 순교로부터 시작된다. 주후 30년 경 초대교회 때부터 박해와 순교를 통해 기독교가 전파되기 시작했고 우리나라도 1866년 토마스 선교사의 순교가 그 출발점이 된다. 이처럼 순교는 기독교 전파의 서곡이라 할 수 있다.

그러면 우리가 살고 있는 통영지역에는 순교의 역사가 없을까? 통영에 사는 대부분의 사람들은 우리 지역에 순교자가 있었다는 사실을 전혀 모르고 있다. "아니 우리 지역에도 순교자가 있는가?"라고 오히려 반문하기도 한다.

통영지역의 순교자 이야기는 삼도수군통제영과 함께한다. 첫 번째 순교자는 1866년 병인박해 때 부산 동래에 사는 이요한 등 8명이 천주교 신자라는 것이 발각되자 기장에 피신해 있다가 동래 포졸에게 붙잡혀 당시 삼도수군통제영 본영이 있던 통영으로 압송되어 왔다. 통제영 관아에 붙잡혀 온 8명의 신자들을 문초한 결과 천주교 신자임이 확인되자 모두 참수되어 순교를 당하는 사건이 일어났다.

두 번째 순교 역시도 병인박해가 한창일 무렵 통영에서 김기량이라는 사람이 천주교 신자로 체포되었는데 그는 제주도 함덕리(현재 제주도 북제주군 조천읍 함덕리)의 중인 집안에서 태어났다. 마을 사람들은 그를 '김선달'이라 부르기도 했다. 그는 배를 타고 다니면서 장사를 하던 사람이었는데 1857년 2월 18일 동료들과 함께 장사를 하기 위해 제주를 출발하여 육지로 향하던 중 풍랑을 만나 표류하게 되었다. 중국의 광동 해역까지 표류해간 그들은 영국 배에 구조되어 홍콩의 파리 외방전교회 극동 대표부로 보내어졌다. 그들은 이곳에서 프랑스 선교사들과 휴양 중이던 조선 신학생 이(李) 바울리노를 만나게 되었다. 바울리노는 김기량과 동료들에게 천주교 교리를 가르쳤고 얼마 안 되어 그들은 신앙심이 아주 깊어지게 되었다.

그해 5월 31일 홍콩의 외방전교회 부대표인 루세이유(J. J. Rousseille) 신부로부터 세례와 함께 펠릭스 베드로라는 세례명을 받고 조선으로 귀국하였다. 제주도로 돌아온 김기량은 이전과 같이 동료들과 함께 배를 타고 육지를 오가면서 장사를 다시 시작했다. 배를 타고 노를 저어 가면서 그가 지어 불렀다는 천주가사 한 수가 전하는데 이 신심가는 일종의 천주가사로 분류된다.

어와 벗님네야, 치명길로 횡행하세. 어렵다 치명길아야, 평생 소원 사주모(事主母)요, 주야 앙망 천당이로다. 펠릭스 베드로는 능도주대전(能到主大殿) 하옵소서.

김기량이 쓴 이 가사를 보면 하나님에 대한 그의 믿음이 얼마나 깊게 배어 있는지 느낄 수 있다. 1866년 동료들과 함께 장사를 하러 경상도 통영으로 갔다가 통제영 산하 군졸들에게 붙잡히게 되었다. 그들이 상륙한 곳은 통영 게섬(현 통영시 산양읍 풍화리)으로 추정된다. 통제영 관아로 이송되어온 이들에게서 천주교 신자들의 물품으로 알려진 박하유가 나오자 천주교 신자라는 사실이 밝혀져 문초와 형벌을 받고 혹독한 매질을 했으나 그래도 목숨이 붙어 있자, 관장은 그들 모두를 감옥으로 옮기고 교수형에 처하라고 명령하였다. 결국 그들 5명은 교수형이 되었는데 이때가 1867년 1월로 당시 김기량의 나이 51세였다. 관장은 김기량이 다시 살아날 것을 염려하여 그의 가슴에 대못을 박아 죽였다. 병인박해 치명 사적에 그의 순교 모습을 다음과 같이 전해 주고 있다.[*]

여비를 장만하고자 박하유를 팔러 통영으로 갔다가 군난이 대단히 심한 때였으므로 '박하유는 천주학장이의 물건이다'라고 하면서 잡아 가두고 많이 때렸읍니다. 추열(推閱)하는 말을 들은 사람은 없으나, 교우들의 말이 '김 선달은 잘 치명하였다'고 하였읍니다. 그 때 교우 네 사람이 함께 잡혀 형벌을 받다가 곤장을 맞아 죽었는데 김 선달이 먼저 살아나고 다른 교우들도 살아났습니다. 그가 위로하며 말하기를 '나는 치명하여 죽을 것이니 그대들도 마

음을 변치 말고 나를 따라 오시오'라고 하였읍니다. 마침내 다섯 사람이 다시 교수형을 당해 순교하였는데, 펠릭스 베드로는 특별히 가슴 위에 대못을 박아 다시 살아나지 못하게 하였읍니다. 나이는 51세였읍니다. 동래 절영도 강마리아 기록하옵니다.

개척자로서의 호주 선교사와 통영

대의를 위해 누군가는 가야 할 길이고 해야 할 일이지만 아무도 가지 않고 하지 않는 일을 하고자 그 길을 걸어가는 사람을 일컬어 우리는 개척자 또는 선구자라 한다.

역사는 이러한 개척자나 선구자에 의해 움직여 나아갔다. 그러나 이들에게 꼬리표처럼 따라다니는 것이 있는데 그것은 다름 아닌 고독과 외로움 그리고 극단에는 죽음까지 각오를 해야 했다. 1900년대 초반 우리에게는 내부적으로 형성된 선구자와 외부적으로 형성된 개척자가 있었다. 하나는 우리 스스로 일어나 일제로부터 독립을 쟁취하기 위해 활동한 선구자들이고 다른 하나는 조선의 근대화에 지대한 영향을 끼쳤던 서양 선교사들로서 개척자들이다. 이들은 자신에게 주어진 고유한 자유와 평안한 삶을 스스로 포기하고 고난과 희생의 길을 걸어갔던 사람들이다, 아무도 그들을 알아주지 못한다 해도 역사는 그들에게 후한 점수를 주고 있으며 그들의 숭고한 희생적 삶을 가장 잘 기억해주는 유일한 친구가 되고 있다.

그러면 이러한 개척자로서의 호주 선교사들 중 통영에 가장 먼저 발을 디딘 사람은 누구일까? 1894년 무어(Elizabeth S. Moore,

한국 이름 모이리사백)가 정기적으로 통영을 방문하기 시작한 것이 우리 지역 최초의 개신교 선교사로 기록되고 있다.

무어는 호주 빅토리아 주 윔배트 힐(Wimbat Hill)의 데일레스포드(Daylesford) 출신으로 장로교 여전도 연합회의 파송을 받고 1892년 8월 부산에 도착하였고 1894년부터 통영을 정기적으로 순회방문하면서 기독교의 복음을 전파하고 이 지역의 실정을 답사하며 무엇이 가장 시급한 일이며 무엇을 어떻게 도와야 할지 고민하며 기도하기 시작했다. 부산의 선교본부와 본국으로 보내는 보고서를 통해 통영의 실정을 알리고 장기적이고 지속적인 선교활동의 필요함을 호소하며 도움을 요청했다. 무어 선교사의 눈에 비친 통영의 시급한 모습은 다름 아닌 어린이들의 영양과 건강 상태 그리고 교육의 필요성과 홀대받는 여성들에 대한 생활대책이었다.

이러한 그녀의 끈질긴 노력은 부산진에 있는 호주장로교 부산선교부의 마음을 움직이기 시작했고 이렇게 해서 모인 호주선교부 특별위원회는 지역적 특성과 선교적 필요에 따라 통영과 거창에 선교부를 설치하기로 가결하기에 이르렀다. 당시 통영은 작은 어촌에 불과했지만 주변에 많은 섬들이 있고 섬 지역 사람들의 열악한 환경과 기독교 복음을 들을 기회가 없다는 것을 인식하고 선교부의 설치가 필요하다고 판단하였던 것이다. 이러한 결과를 이끌어내기까지는 1894년부터 약 9년간 통영을 방문하면서 꾸준히 노력한 무어 선교사의 역할이 결정적이었다.

마침내 1913년 현재 문화동 269번지 일대 약 1만 2천여 평의

대지에 통영 호주선교부 건물이 들어서게 되었고 미혼의 독신이었
던 무어 선교사를 돕기 위해 마산에 있던 왓슨 선교사 부부가 합류
하였다. 그 이전까지 통영지역은 부산 선교부 소속이었는데 통영
선교부가 설립되면서 무어와 왓슨은 통영 선교의 개척 선교사가 되
었고 이는 곧 통영 근대화의 주춧돌이 되기도 했다. 이곳에서 통영
최초의 근대식 교육과 의료 활동이 이루어졌고 통영의 수많은 인재
를 길러내는 산실이 되었다. 무어 선교사는 어린이와 여성교육에
전념하며 주간학교와 야간학교를 개설하고 나중에는 왓슨 선교사
와 함께 통영 최초의 유치원을 설립하였다.

그들이 설립한 진명유치원은 훗날 이 지역의 수많은 예술가와
인재를 길러낼 만큼 인기가 매우 높아서 두 번째의 유치원을 통영
서쪽에 설립하였으나 일제는 유치원 건물이 부적당하다는 이유를
들어 1931년 강제 폐쇄되는 아픔을 겪기도 했다. 그녀는 1919년
은퇴하기까지 25년간 통영에서 젊음을 바치며 특히 외롭고 소외된
통영의 내륙지역과 섬 지역을 순회하며 사람들을 위로하고 희망을
불어넣어 주었다. 왓슨 선교사와 함께 이들은 통영과 인접한 거제
도, 삼천포, 남해, 사량도, 욕지도 등을 순회하며 역동적인 활동을
펼쳤다.

1년 뒤인 1914년 통영 최초의 의사인 테일러 선교사 부부가 부
임하면서 섬 지역을 방문하기 위해 마련한 배의 이름을 '꿈의 배'
(Dream Boat)라 짓고 십자가가 그려진 큰 깃발을 배에 달고 다닐
만큼 이들의 눈에 비친 조선과 조선인에게는 미래에 대한 꿈과 희

망이 절실했던 것이다.

왓슨 선교사는 거제도 지세포리를 순회할 때 만난 박동환, 이명순 부부를 전도하여 지세포 교회를 설립하기도 했는데, 당시 견내량은 다리가 없던 시절이라 통영에서 배를 타고 거제면에 내렸는데 그때마다 그는 늘 뭔가를 배에 싣고 갔는데 그것은 다름 아닌 요강과 작은 간이침대였다고 한다(현 지세포교회 이주묵 장로 증언). 이는 당시 우리들의 생활환경이 얼마나 열악했는지를 보여준다. 1919년 무어 선교사가 본국으로 떠난 이후부터 왓슨 선교사 부부는 그녀의 뒤를 이어 진명야학교, 진명강습소 등 교육기관을 차례로 설립하며 이 지역 교육의 발전을 주도하였다.

예양협정에 따른 호주 선교

기독교의 전래와 복음 전파에 있어서 교육과 의료 활동은 바늘과 실처럼 늘 함께하여 왔다. 이러한 활동은 기독교 전래에 징검다리 역할을 하며 대상 국가의 의료 발전과 복음 전파 그리고 교회 설립에 중요한 동력원이 되기도 했다. 선교에 대한 접근방식에서 볼 때 천주교의 경우 마테오 릿치(Matteo Ricci)의 활동에서 보듯이 천문학을 통해 중국인들의 마음을 움직이려 했다면 개신교는 근대식 교육과 의료선교를 통해 조선인들의 마음을 사고자 했다.

기독교가 전래될 당시 부산과 경남 지방의 의료상황은 경험적 의술의 전통적인 한의학 외에는 비과학적 샤머니즘과 관련된 무속신앙과 민간요법에 의존하는 정도였다.

1884년 우리나라 최초의 의료선교사였던 알렌(H. Allen)은 미국 공사관 대리 공사인 폴크(G. C. Foulk)를 통해 조선 왕실에 서양식 병원 건립을 제의하였고 이에 고종의 허락으로 우리나라 최초의 근대식 병원인 광혜원이 설립되었다.

알렌의 입국 이후 많은 의료 선교사들이 입국하기 시작하였는데 1907년에는 조선의료선교사협의회(The Korean Medical Missionary

Society)가 조직되어 여러 나라에서 온 의료선교사들 간의 긴밀한 협조가 이루어졌다. 1938년 당시 의료선교사 수는 무려 328명에 달했는데, 교파별로 보면 미국 북장로교 84명, 미국 남장로교 44명, 미국 북감리회 59명, 미국 남감리회 32명, 영국 성공회 31명, 캐나가 연합교회 22명, 안식교 10명, 호주장로교를 포함한 독립선교사 35명 등이었다. 조선에 왔던 이들 의료선교사들 중 헤론(J. W. Heron), 제임스 홀(W. J. Hall), 랜디스(Eli Barr Landis), 오웬(C. C. Owen) 등은 밀려오는 환자들로 인해 격무와 과로로 순직하기도 했는데 그만큼 당시 조선의 질병과 환경이 열악하였다는 것을 이들의 순직을 통해 알 수 있다.

기독교 전래과정에 있어서 선교사에 의한 의료 활동과 복음 전파에서 두 가지 양태를 볼 수 있는데, 한양의 경우엔 의료 활동이 기독교 복음전파 활동보다 먼저 시작된 반면, 부산·경남 지방은 의료 활동이 복음전파 활동보다 나중에 이루어졌다.

부산·경남 지방에서 활동한 최초의 의료선교사는 하디(Robert Hardie)로 그는 1891년 4월부터 1892년 11월까지 약 1년 6개월 동안 부산에서 활동하다가 원산으로 갔고 그의 뒤를 이어 브라운(Hugh. M. Brown)이 자신의 집에 시약소를 개설하고 의료 활동을 하였다. 부산·경남의 사람들은 이 지방의 유일한 의사인 브라운에게 상당한 기대를 하였으나 병원 설립에 필요한 마땅한 건물이 없는 상황에서 그는 제한적인 의료 활동을 할 수밖에 없었다. 설상가상으로 그는 결핵에 감염되어 1893년 본국으로 귀국하였고 그 후

3년 뒤인 1896년 세상을 떠났다.

위에서도 언급을 하였지만 의료선교사가 집중된 한양의 경우에도 격무와 과로로 순직하는 선교사가 다수 발생되었는데 부산·경남 지방의 경우는 환자나 의사의 고충이 더 열악할 수밖에 없는 실정이었다. 그나마 부산·경남은 1903년 미국 북장로교 선교부와 호주 장로교 선교부 간의 협의로 두 선교부가 지역분담 조정에 합의하여 경남의 남서쪽 지방을 호주 선교사들이 전담하기로 하였다. 이 협정을 양국의 선교부간 상호 존중과 양보라는 차원에서 이루어졌다 하여 '예양협정'(禮讓協定, Comity Arrangement)이라 한다. 이로 인해 호주에서 온 의료선교사들은 이 지역에서 집중적 의료활동을 함으로써 한양에 못지않은 의료혜택을 지방민들에게도 베풀 수 있었다.

통영은 1914년 호주 선교사 테일러(Dr. Tayler)가 최초의 의사로 9년 동안 섬 지역 주민을 포함하여 지역민들에게 의료혜택을 베풀었고 이어서 나환자 병원을 설립하려 하였으나 일제의 방해로 뜻을 이루지 못하기도 했다. 의료선교는 궁극적으로 기독교 복음 전파를 위한 징검다리와 같은 역할이었으나 한국에서의 의학 발전에 큰 영향을 끼쳤다는 점은 누구도 부인하지 못할 근대사의 중요한 한 부분을 차지하고 있다.

의료선교 활동이 남긴 공헌은 시료(施療)와 시약(施藥)을 통해 조선인의 육체적, 정신적, 혹은 심리적 아픔을 치료하고 재활과 재생의 길을 가도록 도움을 주었다. 이들의 활동은 오늘 날 한국의 의료 수준이 자타가 공인하는 세계적인 위치에까지 이르게 한 밑거름이었다 해도 과언이 아니다. 따라서 의료선교 활동은 서양의술의 전파를 통해 한국 의학의 발전에 기여하였고 의학교육과 의료인 양성에도 크게 기여하였다. 고종의 전의(典醫)였던 에비슨(O. R. Avison) 박사는 1900년대 초반 의료선교 활동이 남긴 공헌을 다음과 같이 다섯 가지로 설명하였다.

첫째, 호열자나 각종 전염병이 발생했을 때 의료선교사들의 시약, 시료, 종두 등 예방과 치료활동을 통해 병이 미신과 악신에 의한 결과가 아니라는 점을 보여줌으로써 인간을 미신적 공포에서 해방시켰다. 둘째, 종두(種痘)의 보급에 의한 어린이 사망률이 급격히 감소되었다. 셋째, 이웃을 돕는 사랑의 정신을 구현함으로써 구제사업을 실천할 수 있는 힘을 제공하였다. 넷째, 예방, 시약, 시료, 공중위생 및 보건증진 등 각종 의료 활동을 통해 기독교 신앙이 전파되고 수용되었다. 다섯째, 의학 교재의 번역 및 의료관계 저술을 통해 한국에서의 과학교육 혹은 의학교육에 영향을 주었다.

부산·경남 근대 교육의 효시는?

필자가 해외 선교를 하면서 잊지 못할 힘들고도 소중한 경험을 하였다. 2006년 시골 오지지역에 들어가 선교공동체를 만들었다. 1.5ha(4,500평)의 면적에 20가구의 원주민 100여 명과 지방 토착민 13가구 60여 명과 함께 생활하였다. 그 안에 유치원, 문맹 퇴치를 위한 공부방, 교회, 쉼터와 텃밭을 일구며 나름대로 공동체 규약을 만들기도 했다. 그러나 같은 공동체 안에 사는 원주민과 지방 토착민은 같은 문화권에서 같은 국적을 가지고 동일한 언어를 사용하고 있지만 전혀 화합이 되지 않았다.

이들의 생계를 돕기 위해 땅을 일정하게 분배하고 채소를 재배하여 자급자족하도록 했는데, 지방토착민들은 신바람이 나서 열심히 채소를 키우는 반면, 원주민들은 거의가 텃밭을 활용하지 않아 잡초만 무성하게 자랐다. 가만히 살펴보니 단순히 게을러서가 아니라 경작에 대한 개념이 없는 듯했다. 산에서 있는 그대로 사냥을 하거나 열매를 따는 것에 익숙해져 있고 이런 방법에 생계를 의존할 뿐이었다. 공동체의 운영에도 심각한 위기가 닥치기도 했다. 이상과 기대로 어렵게 설립한 공동체가 제대로 굴러가지 않고 무질서하기 시작했다.

　심각한 고민에 빠진 필자는 원인이 무엇인가를 두고 오랫동안 기도하며 대안을 찾기 위해 무던히도 애를 썼다. 우선 이 두 집단이 가지고 있는 차이를 하나하나 파악해나가기 시작한 결과 몇 가지의 차이점을 찾았는데 필자의 눈을 크게 뜨게 하는 것은 '교육'이었다. 원주민은 교육을 전혀 받지 않은 상태였다. 그들은 자신들의 이름은 있지만 쓸 줄 모르고 나이를 모를 정도였다. 반면 토착민 집단은 나이가 고령인 몇몇 사람을 제외하고 거의 대부분 초등교육을 받았다는 사실을 발견했다. '아, 인간은 교육을 받지 않으면 동물적 본능이 사고를 강하게 지배하고 있구나'라는 것을 깨달았다.

　인간이 무지를 벗어나기 위해서는 교육밖에 다른 대안은 없다는 것을 절실히 깨달았다. 인류가 살아가는 데 있어서 가장 보편적이며 강력한 자발적 사회 시스템을 꼽으라고 한다면 교육일 것이다. 아무리 극빈한 국가라 할지라도 교육제도는 반드시 있기 마련이고, 해발 3천 미터가 넘는 히말라야의 깊은 계곡과 산에도 사람이 살고 있는 한 반드시 학교가 있고 교사가 있다.

　한국의 근대화도 그 바탕에는 교육이 강력한 힘을 발휘하였다는 것을 우리는 잘 알고 있다. 한국의 근대식 교육은 기독교 선교와 함께 시작되었다. 기독교가 전래되기 전 한국의 교육은 서당, 서월, 향교를 중심으로 한 구식교육이 전부였다.

　부산·경남에서 근대식 교육의 출발은 1895년 베어드 선교사가 설립한 남자 학교인 '한문학교'(The Chinese School)가 그 효시이다. 베어드의 사랑방에서 시작한 이 학교는 잘못 표기한 영어식 학교명과는 다르게 한문을 가르친 것이 아니라 조선어, 산술, 지리, 등과 더불어 성경을 가르쳤고 예배를 드렸다. 처음엔 5명의 학생으로 시작되었으나 그해 2월 중순 경에는 20여 명으로 불어났고 그 이듬해인 1896년에는 등록학생이 100명이나 되는 장족의 발전을 하였다. 그만큼 당시 신학문은 생소했지만 세상의 이치와 사람의 사고를 새롭게 하는 강력한 힘을 가졌던 것이다.

1년 뒤인 1896년 어느 정도 체계를 갖춘 개성학교가 설립되면서 점차 근대식 교육이 발전하기 시작했고, 그러다가 소학교령이 발표된 이후 서울과 각 지방에 많은 공립 심상학교들이 생겨나게 되었으며 또한 기독교 계통의 많은 사립학교들도 설립되었다.

본래 근대식 교육이란 서양의 학문으로부터 출발하였기 때문에 그 통로는 기독교 선교와 더불어 시작될 수밖에 없는 실정이었다. 한국에서 기독교는 단순히 기독교의 복음만을 전파한 것이 아니라 근대식 교육기관을 통해 선교를 시작함으로써 한국 사회에 커다란 영향을 끼쳤다. 즉 기독교 선교사들의 학교설립은 한국에서의 근대 교육과 근대식 교육의 모델이 되었고 또한 근대문명이 발전하는 징검다리 역할을 하였다.

일찍이 해상교통이 발달한 통영은 다른 어느 도시보다 부산과 교류가 활발하게 이루어졌는데 호주 선교사 본부가 있던 부산에서 정기적으로 통영을 방문한 선교사들에 의해 이 지역에 학교의 필요성이 대두되기 시작했다. 한편 호주선교부는 부산을 중심으로 진주, 마산, 통영, 거창에 선교지부를 설치하고 각 지부가 속한 지역에 학교를 설립함으로써 부산·경남 지방의 교육을 주도하였다. 따라서 부산·경남 지방의 근대식 교육은 다른 지방과 마찬가지로 초기 기독교 전래에서 호주 선교사들에 의해 시작되고 발전되었다.

특히 호주선교부가 부산·경남 지방의 교육에 괄목할 만한 성과를 거두게 된 데는 여성 선교사들의 역할이 컸다고 볼 수 있다. 이는 수적인 면에서 여성 선교사가 남성 선교사보다 월등히 많았고, 이로 인해 유치원 교육이 특히 많은 발전을 하게 되었다. 다음은 부산·경남 지방 5개 호주선교부 소속 교육기관 현황인데 이를 보면 여성 선교사들의 어린이와 교육에 대한 영향력이 어느 정도인지 알 수 있다.

1. 유치원
   부산(일신유치원 1918), 진주(진주유치원 1913), 마산(의신유치원 1924), 통영(진명유치원 1911, 동부유치원 1928), 거창(명덕유치원 1913)

2. 초등학교
   부산(일신여학교 1905), 진주(시원여학교 1906, 광림학교 1906), 마산(창신학교 1908, 의신여학교 1913), 통영(진명여학교 1914), 거창(명덕학원 혹은 명덕강습소 1915)

3. 중등학교
   부산(동래일신여학교 1909), 마산(호신학교 1925), 통영(진명

야학교 1924, 도천야학교 1926)

4. 실업학교

부산(동래여자실수학교 1935), 마산(복음농업실수학교 1934),

통영(진명야학교 1914, 진명학원 혹은 진명강습소 1923)

암울했던 조선말기와 기독교의 전래

역사적 사실을 내용으로 하는 글은 그것이 통사이든 지방사이든 객관적 사관(史觀)이 중요함은 두말할 나위 없다. 어느 한 쪽에 치우쳐 기술한다면 이는 역사의 의의에 우(愚)를 범하는 것이 되고 만다.

오늘날 통영이 예술의 도시로 발돋움한 근원과 통영 근대화에 있어서 밑거름이 되었던 호주 선교사들에 대한 유형무형의 산물들은 통영시민 모두가 공유하고 누려야 할 소중한 공공재이다. 이러한 것을 종교적 시각으로 보아 기독교인들만의 전유물이나 옛이야기로 치부해서는 안 될 일이다. 그렇게 보아야 할 분명한 이유가 있다. 오늘은 글의 초점을 호주 선교사들의 직접적인 활동보다 이제껏 기술되지 않았던 조선에서 선교사들의 활동을 가능케 했던 또 다른 측면에서 그 요인들을 살펴보고자 한다.

19세기 조선의 향촌 사회는 향촌 지배세력 간의 대립 양상으로 변동되어갔다. 18세기에 들어서면서 농촌사회의 분화가 진전되고 신분제가 동요됨에 따라 지금까지 향촌 사회의 지배권을 가진 사족 지배체제(士族支配體制)는 크게 변화할 수밖에 없었다. 그러나 영남을 비롯한 부산·경남은 다른 어느 지역보다 상당히 늦은 시기까지 사족들의 지배 질서가 강하게 유지되고 있었다. 원래 영남의 남인들은 숙종 때 폐비 민씨 복위문제를 계기로 실권한 갑술환국(甲戌換局 숙종 20년, 1694년) 이후부터 이미 정권에서 유리되어 있었기 때문에 중앙으로의 진출이 막혀 있었다. 그래서 그들은 수입원을 전적으로 향촌 사회에 의존할 수밖에 없었다.

이 지방의 신구 세력 간 대립은 다른 지방과 구도는 같으나 시기적으로 늦게 나타났다. 그러나 이러한 영남 지방 남인계의 강고한 사족인 구향(舊鄕)의 향촌지배권은 중앙권력의 지원을 받는 소위 신향(新鄕)들로부터 심각한 도전을 받기 시작하였다. 신세력인 소위 '양반이 되고자 하는 자들'인 이들 신향들은 아직까지 독자적인 세력을 형성하고 있지는 못하였지만 새로운 사회세력으로서의 성장력과 잠재력을 지니고 있었다. 이러한 구향과 신향의 대립은 계속되었는데 18세기 후반에는 신향의 승리를 가져오면서 향촌 질서는 '수령-이·향 지배체제(守令-吏·鄕 支配體制)로 재편되었다. 그러나 이렇게 재편된 지배체제는 구향에 대한 반봉건적 사회이념을 불러오기는 했지만, 중앙의 세도정권과 결탁되어 농민을 수탈하는 결과를 낳고 말았다. 이러한 수탈이 계속될수록 농민들은 정치적으로 소외되어갔을 뿐만 아니라 이들의 억압에 신음하였다.

결국 신향에 의해 형성된 반봉건적 사회 이념과 의식은 새로운 사상이나 이념을 수용할 수 있는 사회적, 시대적 공간을 제공하게 되는데 이러한 시기에 천주교가 들어왔다. 초기에는 수많은 순교자를 낳기도 했지만 구향에 이어 신향들의 수탈과 억압에 시달리던 농민들에게 반봉건적 저항의식을 담아낼 수 있는 사상으로 발전할 수 있었다. 당시 이러한 반봉건적 저항의식이 없었다면 천주교의 전파와 수용은 결코 용이하지 않았을 것이다. 그리고 향촌 사회의 내부에도 친개화적 성향을 가진 인사들이 있고 이들은 나름대로 시국 인식을 가지고 문명개화를 통해 난국을 타개하고자 하였다.

그런데 이들이 선택한 중요한 문명개화의 수단은 바로 근대식 교육기관의 설립과 기독교의 수용이었다. 결국 기독교가 전래될 당시 조선 사회는 이미 근대화를 수용할 만한 내재적인 능력을 어떠한 형태로든지 보유하고 있었던 것이다. 이렇게 근대화를 지향하며 노출된 조선 후기 향촌 사회의 시대적 욕구는 종교적인 측면에서는 기독교가 채울 수밖에 없었던 상황이었다.

이렇듯 선교사에 의해 전파된 기독교의 수용은 봉건사회의 지배세력에 맞서 문명의 개화를 갈망하는 세력 간의 시대적 갈등이 작용한 시기에 이루어졌다. 호주 선교사들에 의해 근대식 교육과 영향을 받은 박경리의 소설 〈김 약국의 딸들〉에서도 이와 같이 회오리치는 봉건사회로부터의 변화에 대한 갈망과 갈등의 양상을 김약국 댁의 한 가정을 통해 시대적 상황을 고스란히 비춰주고 있다.

역사에 만약이라는 가정은 있을 수 없다고 하지만, 만약 이 시기에 기독교의 전래가 없었다면 이러한 암울한 시대적 상황에 피폐해진 민초들의 삶과 공허, 미래에 대한 욕구 그리고 사회 전반에 걸쳐 발생한 정신적 공동화 현상은 어떠한 모습으로 전개되어 나아갔을까?

아담슨 선교사의 숨은 그림자 정덕생

　현재 필자가 활동하고 있는 히말라야 지역은 세계의 지붕이라 일컬을 만큼 8천 미터 이상 되는 14개의 산들로 이루어져 있다. 2004년 1월 필자는 에베레스트 앞에 있는 6,200미터의 아일랜드 픽을 등반한 적이 있다. 등반대원 7명에 포터, 셀파 등 현지인 보조자 12명과 해발 3,000미터 이상에서 살아가는 좁교(야크의 일종) 7마리가 동원되었다. 이러한 보조 장치가 없으면 아무리 유능한 등반가라 할지라도 혼자서는 산을 오를 수 없다.

　1953년 세계 최고봉 에베레스트를 최초로 등반한 뉴질랜드의 전설적인 산악인 힐러리 경(등반성공 후 기사 작위를 받음)은 네팔인 셀파 텐징 노르게이와 함께 이 산을 등반했다. 그 역시 셀파로서는 최초로 에베레스트를 오른 전설적 인물이다. 이들이 등반에 성공하고 하산하였을 때 기자가 힐러리에게 질문하였다. "세계에서 가장 높은 산을 최초로 등반하여 성공하였는데 에베레스트의 최정상에 먼저 발을 디딘 사람은 당신입니까, 아니면 셀파 텐징 노르게이입니까?"라는 질문에 힐러리는 "우리는 함께 정상을 밟았습니다"라는 묘한 대답을 했다. 아무튼 역사는 세계 최초로 에베레스트를 등반한 사람으로 힐러리의 이름을 기록하고 있다. 하지만 그의 등반에는 텐징 노르게이의 도움과 안내가 결정적 역할을 하였다. 이처럼 셀파는 등반에 있어서 보이지 않는 숨은 공로자이다.

이와 같이 조선에 선교사가 입국하여 기독교의 복음을 전하며 근대화에 지대한 영향을 끼칠 수 있었던 그 이면에는 조선인의 보조자가 있었음을 간과해서는 안 된다.

이전의 글에서 서양의 선교사들이 입국하여 활동을 펼칠 수 있었던 요인들 중 당시 조선의 정치적, 사회적 배경에 대해 살펴보았는데, 오늘은 인물을 중심으로 서술하고자 한다. 1891년부터 1941년까지 풍토병과 과로로 순직하면서까지 열정을 쏟았던 많은 호주 선교사들 중 가장 탁월한 활동으로 기억되고 있는 사람은 손안로(Andrew Adamson) 선교사이다. 그가 그렇게 왕성한 활동을 할 수 있었던 것은 그를 항상 그림자처럼 따라다니며 길을 안내하고 통역과 여러 가지 일들을 도맡았던 정덕생이라는 조선인 조사(助事)가 있었다.

1900년 손안로 선교사는 경남의 여러 지역 중에서 욕지도를 중요 선교지로 정하고 정기적으로 이곳을 방문하며 전도하기 시작했다. 그는 발동선(통통배)을 이용하여 통영과 욕지도를 왕래하였는데 이때 동래사람 정덕생(1881~1949)이라는 조사가 늘 함께하며 길을 안내하고 통역을 맡았다. 그는 1881년 8월 30일 기장군 철마면 고촌리 283번지에서 정재진과 오성결의 다섯 형제 중 차남으로 태어났다. 그의 본 이름은 정치영이었으나 1911년부터 정덕생으로 개명했다.

그는 21세 때부터 호주 선교사와 함께 부산·경남의 여러 지역을 순회하며 전도하고 1905년에는 기장 동부교회, 동래읍교회(현 수안교회), 통영 대화정교회(현 충무교회), 의령 서암교회를 설립하는 등 적극적인 전도활동을 하였다. 그에 대한 가장 오래된 기록은 1902년 손안로 선교사와 함께 경남 통영군 욕지도를 방문하고 그곳에 논골교회를 설립했다는 기록이다. 이 교회는 훗날 욕지동항리교회로 개명되었고 다시 욕지제일교회로 개칭되어 현재에 이르고 있다. 이에 대한 기록으로 '조선예수교 장로회 사기'에 의하면,

1902년 봄에 통영군 동항리 교회가 성립하다. 이에 앞서 선교사 손안로의 전도로 박명출, 박인건, 박래찬, 이영백, 최명언 등이 가르침을 믿고 촌사람들에게 내쫓김을 당하여 한없이 고생하면서 예배당을 건축하고 열심히 전도한 결과로 신도수가 나날이 늘어나서 예배당을 증축하였다.

또 다른 기록인 '한국영남교회사'에는 다음과 같이 기록하고 있다.

처음에 조사 정덕생의 전도로 박명출, 박인건, 박래찬, 이영백, 최명언 등이 가르침을 믿고 다섯 가정이 동참하였는데 논골 아래쪽 바닷가 마을에서는 조롱과 핍박이 극심하였기 때문에 1902년 봄 논골에 모여 조그마한 초가 예배당을 짓고 예배를 드렸다. 이것이

욕지 논골교회의 시작이다.

이처럼 호주 선교사의 활동에는 온갖 핍박과 조롱을 감내하며 그림자처럼 따라다니면서 희생과 헌신을 인내로 극복한 조사의 숨은 공로가 있었음을 잊어서는 안 되겠다. 이러한 조선인 조사는 호주 선교사들에게만 있었던 것이 아니라 당시 조선에 온 거의 모든 선교사들은 조사들의 도움으로 활동하였다.

아담슨 선교사의 불꽃같은 삶

　통영지방의 개신교는 호주 선교사들이 부산에 정착하고 경남의 여러 지역을 순회하면서 시작되었다. 처음으로 통영을 방문한 호주 선교사 무어(E. B. Moor)는 1894년부터 정기적으로 방문하여 기독교의 복음을 전파하며 지역연구를 시작하였다. 통영에서 활동한 호주 선교사는 12명의 부부 선교사와 12명의 미혼 여자 선교사가 있었다. 이들은 짧게는 1년, 길게는 20여 년간 통영에 머물면서 기독교 전도활동과 의료 및 교육활동을 하였는데 특히 진명여학교를 설립하여 여성 교육에 많은 힘을 기울였다. 이들 중 매우 역동적이고 탁월한 활동을 전개한 선교사는 아담슨(Andrew Adamson, 한국이름 손안로)으로 그를 도와 함께 활동한 조선인 조사로는 정덕생, 송사원, 김낙진 등이 있다.

　그는 호주에서 출생하였고 인도장로교신학교(Presbyterian College in India)에서 목사 안수를 받았다. 그 후 조선으로 오기 전 영국 성서공회 선교사로 5년간 북중국 지방에서 활동하였기 때문에 중국어를 이해하고 동양의 유교적 전통사회에 대한 이해가 있어서 조선에서의 선교활동에 적합한 인물이었다. 그는 1902년 욕지도 동항리교회(논골교회의 전신)와 1905년 통영 대화정교회(현 충무교회) 설립에 중요한 역할을 하였다.

호주 장로교 연합회가 파송한 첫 호주 선교사 데이비스는 1889년 조선에 도착 후 6개월 만에 병으로 세상을 떠났고 그 뒤를 이어 1891년 입국한 메카이 선교사도 건강상의 이유로 1893년 본국으로 돌아갔다. 이후 조선 선교를 위해 자원하는 사람은 없었다. 그 중요한 원인 중 하나는 풍토병과 전염병이 선교사가 오는 것을 어렵게 하였다. 그래서 호주 빅토리아 청년연합회(The Fellowship Union in the State of Victoria)는 영국 스코틀랜드에서 지원자를 구하기로 하고 이 일을 청년연합회장인 길레스피(T. A. Gillespie)에게 위임하였다. 길레스피 회장은 영국을 방문 중 런던에서 영국 장로교회 소속의 앤드류 아담슨 목사를 조선 선교사로 선정하였고, 그 결과 그가 부산에 도착한 것은 1894년 5월 20일이다.

아담슨 선교사는 부산에 도착해서 경험한 청일전쟁에 대하여 다음과 같이 언급하고 있다. 1895년 5월 25일에 쓴 그의 편지에 의하면, "1895년 5월 25일, 26일에는 부산에 거주하는 일본인들이 일장기를 앞세워 각종 장식을 한 춤 놀이와 불꽃놀이를 하면서 전쟁의 극적인 장면을 재현하고 대규모 승전 축하 행사를 하여 일본인들의 자긍심을 과시하였다." 이 기록은 앞으로 호주 선교사들이 계획한 조선인을 위한 교육과 의료 활동에 큰 장애물이 될 것임을 예고하고 있기도 하다.

그는 1895년 6월 초량지부 선교관을 완공하고 초량을 중심으로 선교활동을 시작했다. 1896년 3월에는 세례 지원자들을 위한 성경 공부반을 개설하였고, 1896년에는 예배당 건립을 계획하고 휴가를 이용해 호주 빅토리아 지역을 순회하며 건축 기금을 모금하여 1900년 6월 초량에 목조 예배당을 신축하였는데 이는 지금의 부산 초량교회이다. 아담슨 선교사와 그의 조사들은 울산, 양산, 함안, 의령, 고성지역으로 선교구역을 확장하고 통영과 거제지역까지 광범위하게 선교활동 지역을 넓혀나갔다.

호주에서의 휴가를 마친 후 1900년부터 통영지방을 중점적으로 방문하고 순회전도 여행을 시작했다. 당시 부산-거제 간은 여객선이 운항하고 일본인 어민들의 이주로 통영지방에 일본인 정착촌이 형상되었다. 그는 수많은 섬들이 있는 통영과 거제지역에 대한 선교의 중요성을 인식하고 활동의 비중을 점차 더하여갔다. 그가 통영과 거제 그리고 주변의 섬들을 방문할 때엔 여객선을 이용하기도 하고 개인이 마련한 발동선(통통배)을 이용하기도 했다. 그의 선교활동은 해를 거듭하면서 역동성과 열정이 더해가기 시작했다.

1905년엔 대화정교회(현 충무교회)를 설립하고 초대 목사를 지냈다. 최초의 신자로는 권희순, 김국형, 김낙진, 김찬희, 김학범, 박몽은, 정몽은이었다. 아담슨 선교사와 이들은 권희순의 집에서 감격적인 첫 예배를 드리고 예배처소로 사용하였다. 수개월 후 김학범의 집으로 예배장소를 옮기고 1907년 7월엔 김학범을 교회의 영수직분에 세우고 교회의 조직을 갖춘 후 청공교회라 불렀다. 1907년 호주선교부는 김낙진을 순회조사로 임명하고 그의 전도로 대화정교회 교인이 된 하강진은 1907년 그의 집에서 미수리기도소를 개설했는데 이는 오늘날 미수교회의 시작이다. 그 후 광도면 안정리로 이주한 김낙진은 1910년 그의 집에 안정리기도소를 개설했는데 지금의 안정교회이다.

또한 1910년 용남면 장평리 장한조의 집에 기도소를 개설했는데 이것은 지금의 장평교회이다. 그의 선교활동은 지나치리만큼 매우 열정적이었는데 이는 그의 성격과 무관하지 않다. 그의 성격은 불같이 급하여 함께 활동한 여선교사들은 이러한 그의 성격과 활동에 적응하지 못해 본국에 편지를 써서 시정을 요구하기까지 했다.

그의 이러한 열정과 헌신으로 세워진 교회는 다음과 같다. 반회리교회(1895년, 양산시, 현 석계교회), 사촌교회(1897년, 함안군), 구영교회(1900년, 거제시), 동항리교회(1902년 통영시 욕지면, 현 욕지제일교회), 서암교회(1905년, 의령군), 대화정교회(1905년, 통영시, 현 충무교회), 연사교회(1905년, 거제시), 양산읍교회(1906년, 양산시), 용소교회(1907년, 의령군), 이목교회(1907년, 의령군), 분계교회(1907년, 의령군), 마장리교회(1907년, 의령군), 배둔교회(1907년, 고성군), 고성교회(1908년, 고성군), 윤외리교회(1908년, 함안군), 상정리교회(1908년, 의령군), 신반교회(1908년, 의령군), 군북교회(1909년, 함안군) 등 모두 18개의 교회를 개척하였다.

아담슨 선교사는 1914년 선교사직을 사임하고 영국으로 간 다음해인 1915년 런던에서 소천했다.

5장

통영 호주선교부의 근대 교육과 의료 활동

글: 서상록

통영 선교의 시작과 선교부 설립

통영지역은 역사적으로 통제영과 함께 발전하여왔다. 지리적으로는 570여 개의 크고 작은 섬들로 이루어져 있으며, 경제적으로는 어업과 해상 운송업이 주를 이룬다. 따라서 외지와의 교통은 육로보다는 선박을 통한 해상교통이 일찍부터 발달했다. 그래서 부산에 거주한 호주 선교사들도 선교활동을 위하여 육로보다는 해상교통

1915년 진주에서 모인 호주선교사공의회 사진으로, 맨 아랫줄 오른쪽 두 번째에 에이미 스키너 선교사가 있다.

을 이용하여 통영을 왕래하였다. 호주장로교선교회는 부산을 거점으로 하여 경남지역을 선교대상 지역으로 삼았는데 통영지역은 1892년부터 선교가 시작되었다,

1892년에 내한한 호주 선교사 무어(E. B. Moore) 양은 1894년부터 통영지역을 정기적으로 방문한 결과 신자들이 생겼다. 이후 아담슨(A. Adamson, 한국 이름 손안로) 목사는 1894년 부산에 도착하였는데, 그는 부산에 오기 전 영국성서공회 소속으로 중국에서 선교활동을 하기도 하였다. 이런 중국선교의 경험을 바탕으로 부산 초량에 자리를 잡고 거제도, 통영, 마산 지역에 선교하였다. 그러는 가운데 1905년 4월 5일 대화정교회(현 충무교회)를 설립했는데 최초의 신자 권희순의 집에서 첫 예배를 드리고 예배당으로 사용하였다.

통영 대화정교회의 초대 목사는 아담슨이며 교인은 권희순 외 남자 4명, 여자 2명이었다. 1907년 1월 25일 대화정교회 교인 하강진이 자택에 미수리기도소를 세웠는데 이것이 미수교회의 시작이다. 그 후 아담슨 선교사는 계속된 전도활동의 결과로 1908년에 용남면 장평리에 기도소를 세웠는데 이것이 장평교회의 시작이며, 광도면 안정에도 기도소 2곳을 세웠는데 오늘날 안정교회와 황리중앙교회의 시작이다.

1903년 10월 20일 미국 북장로교와의 선교지 분담정책에 의해 호주 선교부는 부산을 거점 도시로 하여 부산과 경남지방을 대상으로 활동하였다. 통영 선교지부는 손안로, 왕대선 목사가 주축이 되어 결성되었는데, 초창기 부산진 선교부에서 담당하다가 1913년 5

월에 통영 선교부로 승격 결성된 것이다. 이 당시의 선교부는 손안로부터 라례인 선교사까지, 1913년 5월부터 1941년 4월까지 활동하다가 이후 폐쇄되었다.

통영 선교부는 교회설립, 전도, 유치원, 야학교, 주일학교, 여성교육 및 복지 사업, 의료선교 등을 수행하였고 호주장로교에서 보조금을 받아 각 교회선교 활동과 일반 사회활동까지 펼쳤다. 선교부는 거제, 통영, 고성, 진해 등 4개 지역을 총괄하는 광범위한 선교영역을 가졌다. 주로 통영읍, 거제 전역 순회전도를 시작으로 고성, 배둔, 사천, 삼천포 지역까지 교회 설립, 의료, 교육기관 설립을 주도하였다. 또한 일반 사회운동에 참여하여 유치원, 야학교, 주일학교 내에서 조선어 강좌, 성경학습, 영어 학습 등의 활동을 주도하였다.

〈통영 선교부 소속 선교사 명단〉

이름	구분	한국이름	입국 시기	활동지역
무어(E. S. Moore)	여/미혼	모이리 사백	1892.8	부산, 통영
아담슨(A. A damson)	남	손안로	1894	부산, 통영, 마산
왓슨(R. D. Watson)	남	왕대선	1910. 12	마산, 통영
알렉산더 (M. L. Alexander)	여/미혼	안진주	1911. 2	부산, 통영, 동래
왓슨 부인 (Mrs. R.D. Watson)	여/기혼		1911. 11	마산, 통영
테일러(W. Taylor)	남	위대인	1913. 4	통영, 진주
스키너 (A. G. M. Skinner)	여/미혼	신애미	1914. 9	거창, 마산, 통영
테일러 부인 (Taylor. S. R. N)	여/기혼		1915. 2	통영, 진주

호킹(D. Hocking)	여/미혼	허대시	1916. 3	부산, 마산, 통영
매카그 (J. E. Mccague)	여/사역 당시 미혼	맥계익	1918. 9	부산, 통영
커(E. A. Kerr)	여/미혼	거이득	1921. 9	진주, 마산, 통영, 동래
트루딩거 (M. Trudinger)	남	추마전	1922. 1	마산, 진주, 통영, 부산
던(E. W. Dunn)	여/미혼	전은혜	1923. 9	통영, 거창, 진주, 부산
프랜시스 (A. L. Francis)	여/사역 당시 미혼	방란서	1924. 9	마산, 통영
리게트(D. F. Leggatt)	여/미혼	이혜수	1928. 9	통영, 마산, 부산
엘리스(C. Ellis)	여/미혼	이명선	1929. 9	통영, 거창, 마산
에드거(E. T. Edgar)	여/미혼	엽덕애	1931	통영, 진주
레인 부부(H. W. Lane)	부부	나레인	1935. 1	통영, 부산
왓킨스 (Rene F. Watkins)	여/미혼	왕영혜	1940	통영, 부산, 마산

호주선교부의 교육 정책

갑오개혁 이전까지 한국의 교육체제는 오늘날과 같은 학교는 없었고, 서당, 향교, 성균관의 세 가지 교육기관들이 있었다. 이들 교육기관의 목표는 과거시험을 통해서 나라의 공직에 나가는 길이었고 교육의 내용 역시 정치윤리의 기초가 되는 성리학이었다. 그나마 여성들은 교육을 받을 권리나 기회가 거의 주어지지 않았다.

1894년 이후에 유교적인 교육체제는 붕괴되기 시작하면서 근대적인 초등학교와 고등학교 제도가 도입되었고 공직에 나가는 길로서의 교육이 아니라 생활에 실제적인 도움이 되는 학문으로 그 내용도 달리했다. 그러나 이러한 학교는 소도시나 시골에는 생기지 못하고 주로 서울에 설립되었다. 이러한 교육여건에서 개신교 선교회들은 교육을 통한 선교를 꿈꾸게 되었다. 그래서 선교사들은 교육에 실제적인 참여 방안으로 학교를 설립하여 백성들을 계몽하는 동시에 복음으로 인도하기를 원했다.

호주선교부의 초기 교육정책은 선교사들이 거주하는 곳에 소년, 소녀들을 위한 초등학교와 중등학교를 설립하는 것이었다. 그리고 남자 초등학교 운영권은 그 지역의 교회가 충분히 성장하면 그들에게 이양하고 여학교만을 운영하는 것이었다. 그리고 고등교육을 계속해서 받고자 하는 학생에게는 평양에 있는 기독연합대학(숭실전문학교)과 서울에 있는 세브란스 의과대학의 협조를 얻기로 하였다. 학교는 우선적으로 교회의 아동들 양육에 관심을 가졌지만, 정원에 미달일 경우에는 비기독교 아동들을 20%까지 받도록 하였다. 그리고 성경공부와 예배는 항상 교육과정의 중심 부분이었다. 1910년 결정한 호주선교부의 교육정책은 다음과 같이 정하였다.

1. 여자 초등학교를 5개 지부에 각각 하나씩 세울 것
2. 선교부 내에 여자 중학교 하나를 세울 것
3. 선교부 내에 남자 중학교 하나를 세울 것
4. 대학은 세우지 않을 것

당시의 교육환경에 있어서 남녀가 불평등하였는데도 불구하고 여성교육 중심의 방침을 세우게 된 것은 호주 선교부의 교육 방침으로써 여성교육의 중요성 때문이다. 그리고 한국 선교가 시작될 무렵에 호주 빅토리아 주 안의 여전도회에서 후원하기 시작했기 때문에 여권 신장에 주력하게 된 것이다. 또한 호주선교부가 경남지역 선교의 일환으로 가장 많은 관심을 기울였던 것이 교육선교였으며, 관할 5개 지부마다 유아들을 위한 유치원 교육도 강조하였다.

호주선교부의 교육선교 활동은 선교본부가 세워진 부산을 중심으로 주변의 선교지부로 점차 그 범위를 확장해나갔다. 부산과 인

접한 마산지부와 진주지부, 거창지부와 통영지부의 순으로 활동하였다. 호주 선교부가 부산과 경남지역에서 교육 선교 활동에서 괄목할 만한 성과를 거두게 된 데는 여자 선교사의 역할이 컸다고 볼 수 있다. 이는 수적인 면에서 여자 선교사가 남자 선교사를 앞서고 있다. 1889년에서 1942년까지 부산과 경남에서 활동한 호주 선교사들의 현황을 보면 아래의 표와 같다.

〈호주 선교사 분류 1889~1942〉

분류	인원	비고	통계
미혼 여성 선교사 (교사, 간호사, 전도사)	34	디커니스 22 간호사 3	43.6%
목사 선교사	20		25.6%
선교사 부인	19	간호사 2	24.4%
의사	4	남자 3, 여자 1	5.1%
남자 교육선교사	1		1.3%
계	78	남자 24명, 여자 54명	남자 31% 여자 69%

호주 선교사의 교육정책이 통영지역에 미친 영향

통영지역 교육선교 활동은 왓슨 선교사 부부가 시작하였다. 왓슨 선교사는 이미 내한하여 활동 중이던 무어 선교사와 함께 통영과 인근 도서지방을 순회 전도하면서 통영지방에 교육기관이 필요한 것을 깨닫고 1911년 11월에 내한한 그의 부인과 함께 이 지방 최초의 유치원과 학교를 시작하였다. 그렇지만 정확한 설립연도는 알 수가 없고 다만 통영지역의 여성운동가 최덕지의 재판 기록을 보면 진명학원의 대략적인 연도를 알 수 있다.

최덕지 선생은 1901년 음력 6월 25일 통영 항남동에서 태어나 신사참배를 반대한 이유로 투옥되었다. 보안법 위반죄로 1945년 5월 18일 평양 지방법원 예심계 조선총독부 판사 가내우다가나우(兼田峽)는 최덕지에 관하여 "최덕지가 통영군에서 출생하여 어려서부터 장로파 기독교에 입교하여 12세(1912년)에 통영진명학원에 입학하고 16세(1916년) 봄에 진명학원을 졸업하였다"고 기록하고 있다. 그러므로 1912년 봄에는 진명학원에서 입학생을 모집하여 운영하였다는 것을 알 수 있다. 왜냐하면 진명학원의 설립자 왓슨 선교사는 1910년 12월에 내한하였고, 부인 왓슨 선교사는 1911

년 11월에 내한했다. 따라서 진명학원의 시작은 1912년 초기로 보는 것이 합리적이다.

왓슨 부인은 보통학교의 설립을 의도하고 처음부터 준비하였으나 조선총독부의 교육통제 방침 때문에 이루지 못했다. 1915년 진명보통학교 설립 허가원을 제출하였으나 개정사립학교 규칙이 정하는 기준에 맞지 않는다 하여 허가를 얻지 못하였다. 그래서 할 수 없이 학령을 넘긴 여성들을 위한 야간학교로 전환하였는데 이것이 진명강습소였다. 진명강습소는 보통학교에 준하는 과목과 성경을 가르쳤다. 왓슨 선교사 부인이 시작한 진명강습소는 1914년 9월에 내한하여 거창지부와 마산지부에서 사역하던 스키너(Miss A. M Skinner 愼愛美) 선교사가 통영지부로 배속된 이후 보다 구체적인 교육기관으로 발전하여 갔다. 교육학을 전공한 그녀는 1940년까지 통영지부에서 활동하면서 진명유치원 원장으로 일했다.

1929년 왓슨 선교사가 은퇴하고 귀국하자 스키너 선교사는 진명학원 교장이 되었다. 1928년 당시에는 교사 9명, 학생 125명이나 되는 학교로 성장했다. 통영에서 '신 교장'(愼校長)이라고 불렸던 스키너 선교사는 진명강습소를 통하여 가난한 장애인들에게도 재봉틀과 자수를 가르쳐 생계를 이어갈 수 있도록 직업교육까지 시켰다. 이러한 그녀에 대해 동료 선교사인 에디스 커(Edith A. Kerr) 선교사는 "그녀는 명철한 두뇌와 함께 기지를 지닌 분이다"라고 평가했다.

1921년 9월 멜버른을 떠나 한국에 도착한 거이득(Miss Edith A.

Kerr) 선교사는 진주지부, 마산지부를 거쳐 1928년 통영지부로 배
속되어 진명여학교 교장으로 재직하면서 장애 여성, 매춘 여성, 이
혼 당한 여성, 그리고 남편에게 쫓겨난 여성들을 위한 직업교육을
하였다, 이들에게 한글과 자수, 영농기술을 가르쳐 생활대책을 도
왔다. 특히 이들이 자수로 만든 손수건, 책상보, 앞치마 등을 멜버른
으로 보내면 멜버른의 콜린스가에 위치한 장로교 본부 건물 내의
여전도회 연합회 사무실과 티룸(Tea room)에서 판매하였고, 그 대
금은 다시 통영으로 보내어져서 여성들의 생활을 도와주는 귀한 일
을 했다.

<호주 선교사들이 통영지역에 세운 기독교학교>

기관명	설립년도	설립자	교사수	학생수	대표자
진명학원	1912.	왕대선			
진명야학교	1924. 04.	신애미	5명	70명	반란서
진명유치원	1923. 09.	신애미	4명	70명	신애미
진명강습소	1923. 10.	신애미	6명	60명	신애미
도천야학교	1926. 09.	신애미			
동부유치원	1928. 10. 10.	왕대선	10명		

통영 호주선교부의 의료선교

통영 선교지부가 설치될 당시 통영에는 서양 의사나 병원이 전혀 없었다. 통영지역은 지리적인 특성상 해양성 질병과 전염병 환자들과 각종 피부병을 앓고 있는 사람들이 많았다. 특히 섬 지방에는 의료 혜택이라고는 전혀 받을 수 없는 상황이었다. 이렇게 열악한 상황에서 의사 테일러(Dr. Tayler) 선교사가 통영지부에 배속되면서부터 비로소 의료선교가 시작되었다.

그는 1914년 통영에 진료소를 설립하고 시약과 가벼운 진료를 하기 시작했다. 그의 부인은 특별히 어린아이들을 위해서 위생, 건강, 치료에 역점을 두고 진료소를 운영하기도 했다. 그들은 내륙지역인 통영에서만 의료 활동을 하지 않고 작은 배를 타고 통영지역의 여러 섬들을 정기적으로 순회하면서 의료 선교활동을 하였다. 호주 장로교 신우회에서는 이들이 선교하는 데 어려움을 겪고 있음을 알고 보트 한 척을 기증하였다.

1916년에는 통영에서 가까운 섬에 나병환자들을 위한 병원을 설립하기 위해 45파운드를 모금하고 호주장로교 본부의 승인을 얻었으나 일제의 나병원 설립 허가가 나지 않아서 세우지 못했다.

1919년에는 소규모의 병원을 설립하고자 신청을 했는데 사실상 금지나 다름없는 과중한 세금으로 인해 역시 설립하지 못했다. 그러나 1921년 입원실이 2개 있는 치료원을 개설하였다.

1928년 트루딩거(M. Trudinger) 선교사 부부가 통영 선교지부로 부임하면서 다시 의료선교가 이루어졌다. 트루딩거 부인은 유능한 간호사로서 통영 선교지부의 건강상담을 맡아 가면서 치료원을 운영하였다. 그녀는 어린아이와 어머니를 위한 건강 상담소를 성공적으로 발전시켜 한국인 간호사에게 건강 상담을 맡겨 추진하게 하였다. 트루딩거 부인은 통영 선교지부 내의 보건활동을 맡아 책임지고 일하였다. 이 외에도 그녀는 학교의 학생들을 지도하며 도움을 청하는 지역에 가서 의료 활동을 수행했다. 그리고 그녀는 어머니들과 아이들에게 유익한 아동복지진료소를 설치하였다.

1937년 레인(H. W. Lane) 선교사 부부가 통영 선교지부로 부임하여 레인 부인도 간호사로서 의료선교 활동에 전념하였다. 호주선교부가 경남지방의 5개 선교부와 함께 교육과 의료를 통하여 효과적인 복음을 전파했다고 할 수 있다. 호주선교부의 특성이 여선교사가 많이 내한하여 활동한 까닭에 여성과 교육선교는 많은 열매를 거둘 수 있었지만, 아쉽게도 의료 활동 부분에서는 타 선교부에 비해 미진한 상태였다. 그것은 호주 선교사 중에서 의료선교사는 의사가 4명, 간호사가 3명뿐이었다. 그 이유는 당시 호주 장로교회가 의료 활동을 전개할 만큼 재정이 넉넉하지 못했기 때문이다. 그래서 진주를 의료 활동의 중심지로 삼고 그곳에 배돈병원을 설립하였는데, 이 병원이 경남지방 유일의 병원이었다.

테일러(Dr. Tayler) 선교사는 섬들이 많은 지역 특성을 감안하여 배를 타고 한산면 두억리 일원, 사량면 덕동지역, 욕지면 동항리 일대, 노대도, 용남면 장평리, 광도면 안정 등지를 순회하며 진료하였는데, 그는 배의 돛만큼이나 큰 십자가 기를 달고 순회전도 하여 오늘의 섬 지역 교회들이 설립되었다.

그러다가 1923년 테일러 선교사 부부가 진주 배돈병원 원장으로 감으로써 자연히 통영에는 진료소가 없어지게 될 처지였지만, 스키너 선교사가 전도순회 진료선을 준비하여 배의 이름을 '꿈의 배, Dream boat'라 명명하고 이 배를 타고 1935년까지 통영지방 섬들을 순회하였다. 그러나 정부로부터 외국인의 선박 소유 및 운영금지법규 때문에 순회 진료선에 의한 의료선교는 중단되었다.

글을 마치며

호주 선교부는 경남지방 선교를 위하여 각 중요 거점지역에 선교부를 설치하였다. 진주(1905), 마산(1911), 통영(1913), 거창(1913)에 선교부를 설치하여 전도를 담당하게 되는데, 이 과정에서 여선교사들이 중요한 역할을 했다. 특별히 여선교사들의 많았던 호주선교부의 경우는 교육과 사회활동에 있어서 남자 선교사들이 할 수 없는 일을 해낼 수 있었기 때문이다. 이들 여성 선교사들의 활동과 정신적인 가르침의 영향력은 대단하였다.

흔히 진명학원으로 불리는 진명강습소는 이 지역에 특히 여성들에게 없어서는 안 될 귀한 교육기관이었으나 일제의 탄압과 태평양전쟁으로 선교사들이 철수하면서 1940년에 결국 폐교되었다. 그리고 의료 선교 역시 여러 방법의 노력과 성과가 있었지만 호주 선교사들이 철수한 후에는 더 이상 진행되지 못하였다.

6장

호주 선교사와
통영 항일 민족운동

글: 서상록

1919년 3월 3일 부산과 마산에서 독립선언서가 배포되고 서울의 시위 소식이 전해졌다. 이때부터 불붙기 시작한 통영지역의 항일운동 시위는 3월 9일에서 4월 2일까지 시위 및 격문 배포가 모두 9회나 이루어졌다. 특히 통영지역에서 시위를 이끈 인물로는 서정(曙町)에 사는 진평헌(陳平軒)과 권남선 등이 있었다.

통영지역의 만세운동

통영지역의 3.1 운동은 통영읍내에서 장날을 기하여 3월 13일 (음력 2월 12일)에 시위를 전개하고자 모의하였으나, 사전에 발각되어 검거되고 말았다. 그 이후 경성에서 배재고등보통학교를 다니던 진평헌이 요양 차 귀향하여 통영 읍에서 만세운동을 하자고 동지들과 협의한 다음, 양재원, 권남선, 김형기, 배익조, 모치전, 강세제, 이학이, 허장완, 서상호, 최천, 박중한, 김종원, 신수동 등과 함께 당시 대화정 교회 청년회장이던 박봉삼을 찾아가 자문을 받고 각계의 동지들에게 연락하였다.

이 중에서 대화정교회(현 통영시 충무교회)의 교인은 박봉삼과 권남선이었고, 이학이, 강세제는 미수교회 교인이었다. 이들은 3월 13일 남망산 공원에서 거사할 것을 결의하고 준비에 착수하였다. 박봉삼, 서상호, 양재원, 김종원, 강세제 등은 남망산 광부 450명과 도산면 광부 170명을 인솔하여 출동하기로 하고 최천, 박중한 등은 시내 각 포목 상인들에게 태극기를 제작토록 하며, 기독교 신자들을 동원하는 등 각자 책임을 분담하였다.

이들은 독립선언서를 등사할 종이를 구하지 못해 김형기로 하여금 일본인 나카무라 상점에 가서 미농지 2,000장을 구입하고, 이학이, 강세제, 허장완 등은 통영면사무소와 산양면사무소에서 등사판을 훔쳐 준비 작업에 착수하였다. 그러나 독립선언서를 입수하지 못해 진평헌이 주도하여 '동포에게 고하노라'는 격문 1,200장을 등사하고 태극기도 수백 개 만들었다.

다음날인 10일 1시 30분쯤 강세제, 이학이, 허장완 세 사람은 통영면사무소에 등사판을 갖다 두려고 갔다가 경찰에 체포되고, 나머지 여섯 사람은 새벽 3시쯤 인쇄물을 산양면에서 시내로 운반하다가 검거되었다. 비상경계를 펴고 있던 일본 경찰의 정보망에 나까무라 상점에서 종이를 대량으로 구입한 것이 포착되어 거사도 하기 전에 모두 체포되었다.

진명유치원 교사들의 만세운동

통영 읍에서 첫 항일운동 시위는 3월 13일 통영 호주선교부가 설립하고 운영하던 진명유치원 보모(교사)들에 의해 전개되었다. 문복숙은 호주 선교사가 세운 부산 일신여학교를 졸업하고 김순이와 함께 호주선교부 통영 선교지부의 진명유치원 교사 및 기숙사 사감으로 부임하여 일신여학교 3년 선배인 양성숙과 함께 어린이들을 돌보았다. 1919년 3월 1일 서울에서 만세시위가 일어났음을 알고, 이들 세 처녀 교사들도 이에 대하여 의논하고 있던 중 통영 만세시위를 비밀리에 계획하고 있던 이학이, 진평헌 등으로부터 3월 13일 의거를 일으키자는 연락을 받았다.

대화정교회에 출석하던 문복숙 교사는 양성숙, 김순이와 함께 최덕지 등의 도움을 받아 태극기를 만들어 미수교회 하강진 영수를 통해 통영지역 주민들에게 은밀하게 배부했다. 의거를 준비하던 남자 9명은 모두 체포되었지만 이들은 만세시위를 실행에 옮겼다. 문복숙은 가슴이 떨렸지만 기도하는 중에 3월 13일 장날을 맞았다.

이들 교사 셋은 중앙시장을 향해 발걸음을 옮겼다. 중앙시장은 고성 쪽에서 온 흰 옷을 입은 장꾼들이 모여들고 각 섬으로부터도 장꾼들은 모여들었다. 장꾼들은 평소의 장날보다 3배나 넘었다. 11시 30분 경 문복숙이 신호를 보냈다. 세 교사들은 일제히 숨겨 갖고 온 태극기를 양손으로 높이 휘둘리며, "대한독립만세"를 목이 터져라 외쳤다.

이들 세 처녀들이 대한독립만세를 선창하면 장터에 모였던 수천의 군중들이 호응하여 열광적으로 만세를 따라 외쳤다. 군중 속에는 태극기를 높이 휘두르는 사람들도 있었지만, 대부분의 사람들은 맨손을 들고 만세를 외쳤다. 이들 세 명의 교사는 체포되어 부산의 감옥에서 6개월의 모진 옥고를 치렀다.

부르시오! 만세를 부르시오!

이처럼 민족 독립운동에 기독교인과 기독교 학교가 중심이 된 신앙적 동기와 배경은 무엇일까?

부산과 경남에서 일어난 항일 민족운동은 호주 선교사가 세운 여자 기독교 학교와 학생들이 주동이 되었다. 이는 여자 선교사가 많았던 호주선교부의 특성을 잘 나타내고 있다. 부산의 경우 1911년 11일 부산진교회에서 신자들과 일신여학교 학생들이 중심이 되어 경남 최초로 3.1운동을 주도하였고, 마산의 경우 1919년 3월 21일 창신여학교 교사들이 중심이 되었으며, 통영도 같은 해 3월 13일 진명유치원 여교사 3명에 의해 전개되었던 것이다.

이 학교들은 모두 호주 선교사에 의하여 세워진 학교였고, 학생들의 항일민족운동에 동기를 부여한 것도 호주 선교사들이었다. 이는 부산과 경남의 만세운동을 주도한 사람들을 검거하고 조사했던 일본 경찰의 다음과 같은 자료를 보면 더 잘 드러난다.

부산진 소재 기독교 경영 일신여학교 한국인 여교사 임말이 외 생도 1명을 취조한 바 동교 교장인 여선교사 데비스 및 한국인 여교사

주경애가 주동이 되어 교원 일동에게 '각지에서 독립운동은 시작하고 있으니 우리 학교도 거사하자'고 협의하고 생도들에게 전달하여 3월 10일 동교 고등과 생도 11명이 기숙사에서 한국기 50개를 제작, 이를 동교 기숙사감 메체스에 넘겨준 것을 진술하였으므로 동인을 취조한 바 깃대 31본을 생도에게 제공한 사실을 자백, 나아가서 가택 수색을 한 결과 기숙사 옆 쌀겨가 있는 곳에서 한국기를 발견하였을 뿐만 아니라 한국기를 제작한 붓 등도 압수하였다.
그리고 데비스와 동교 여교사 혹킹은 의거 당일 '부르시오! 만세를 부르시오'라고 소리를 외치면서 생도를 지휘, 생도는 일제히 만세를 부르면서 행진한 사실을 목격한 사람이 있었다(김정명,『조선독립운동1』, 원서점, 1967, 163).

이 자료에 나타나는 데비스는 마가렛 데이비스 선교사이며, 메체스는 벨레 멘지스 선교사이고, 그리고 혹킹은 데이지 호킹 선교사이다. 특히 호킹 선교사는 "부르시오! 만세를 부르시오"하며 생도들을 지휘하였다는 대목은 주목할 만하다.

경남지역의 항일민족운동에 있어서 호주 선교사들의 영향과 역할은 좀 더 면밀히 연구되어야 하겠고, 항일민족운동에 그들의 공헌이 있다면 마땅히 인정되고 역사에 기록되어야 할 것이다.